「自分」を生きる

上手に生きるより潔く

坂東眞理子

あさ出版

はじめに

令和の時代が始まりました。

日本に住む私たちは、一時期の力強さはないものの、平和で安全で居心地の良い豊かな社会生活を享受しています。

しかし、そこに生きる人たち、特に私にとって身近な人たちが、自信にあふれて生きているようには見えません。

豊かな社会も、それを支える人たちが生き生きしていなければ、力を失い、衰えていくだけです。これは、決して他人ごとではありません。


自分の才能や適性に自信を持てない人、いくつになっても自分探しを続け、チャレンジする勇気を持てず、人生を楽しむことを迷っている人たちもたくさんいます。

ちょっともったいないな、勇気を持って一歩踏み出そうよ、と言いたくなります。

私自身も、若い時だけでなく今現在もですが、いろいろ迷い、失敗しながら生きてきました。ですから、自信が持てないときがあることも知っています。しかし、自分の人生をどう生きるかは、自分がどうありたいか、いかに真剣に求めるかで変わってきます。これは、ともに学んできた人たち、ともに仕事をしてきた人たち、そして、今、理事長を務めさせていただいている昭和女子大学の学生たちを見てきても言えることです。

だからこそ、一人ひとり充実した人生を送ってほしいという願いを込めて、この本を書きました。ふがいない自分と長い間付き合ってきた中で、周りの人たちに教えていただいたこと、学ばせていただいたこと、様々経験してきたことを記しています。

少しはみなさんにお役立ていただけるのではないかと思います。

この本では、第1章で自分とは何か、自分を大切に生きるとは何かについて、第2章で人間関係をむつかしいもの、しがらみや束縛と考えないで温かいつながりにするにはどうすればよいか、第3章で積極的に生きる考え方について、第4章で全体として幸せに生きるコツについて、お話ししています。

自分が好きになれないとき、心が傷ついて落ち込んでいるときにこの本を読んで少しでも明るい見方ができるようなヒントになれば、うれしいです。

同じ現実でも見方によって、丸くなったり角になったりします。

穴の中に閉じこもっておらず、視点を変えて、この令和の時代を、皆さんがもっともっと輝く人生を送っていただくよう祈っています。

令和二年一月

坂東　眞理子

第1章 自分の人生を生きる

第2章

たしなみある人間関係を育む

第3章

何もしないことこそが最大の失敗

第4章

運を引き寄せるあり方

第1章

自分の人生を生きる

1

「ありのままの自分」に振り回されない

■完璧な人間はいない

大人になると、自分が天使のような善良な人間ではないことに、たいていの人が気づきます（もちろん、善意にあふれ自分のことを計算に入れず、思いやりのある素晴らしい人もいらっしゃいますが、とても稀です）。

自分の心の底を覗《のぞ》いてみると、様々な面を持っていることに気づくでしょう。

他人の幸せや成功を妬む心の狭さ、ちやほやされると図に乗る軽はずみなところ、思うとおりにならない時や失敗した時に落ち込んでいじけるところ、軽んじられるとムッとしてしまう未熟なところ、やるべき仕事や決断を後回しにする怠け者だったり、手抜きをしたり、ごまかしたりするなど「嫌な」側面もあるはずです。

私もそういう短所をたっぷり持っている「嫌な奴」、仏教でいう煩悩《ぼんのう》の塊です。

おそらく私だけではないでしょう。ほとんどの人が思いやりのあるやさしい素敵な面と嫌な面を持っているはずです。

若い時の私は、自分の嫌なところをつい出してしまって相手を傷つけてしまい、気まずくなって落ち込んだ経験は、数えられないくらいあります。そのたびに、「自分はなんて未熟な嫌な奴だろう」と自己嫌悪に陥っていました。

嫌な面を隠そう、ありのままの自分を出さないようにしようと、いい人を演じているうちに疲れてしまい、その反動から、近しい友人に「聞いてよ。あの人って表面だけうまく取り繕《つくろ》って振る舞っているだけで、本当はひどい人で……」などと話してストレスを発散させたこともあります。

でも、どんなに吐き出してもスッキリすることはありませんでした。むしろ大事な友人に対して私のイメージを下げてしまっただけ。本当に後悔しています。

でもだからこそ、気づいたのです。

モヤモヤを話したからといって状況が解消されるわけではないこと、それどころか、醜《みにく》い感情を表に出すことによって自分でも明確にその感情を認識せざるをえなくなり、相手を不快にさせたり、誤解を与えてしまったりと、散々な結果になること。ストレスを発散できて気分がスッキリなんてことはありえないこと。そして、自分の胸の奥にしまっておくほうが嫌な感情がおとなしくなり、消えていくということなど。

完璧な人間はいません。嫌なところをなくすことはできません。

自分のありのままを、嫌な部分を含めて受け入れ、そのうえでコントロールする。それが、大人のたしなみです。

嫌な部分を認めたうえで社会的演技を習慣にする

自分をコントロールするとは、ありのままの感情が暴れ出さないよう練習することです。

「なんて嫌な奴だ」と思っても、面と向かって相手を批判したり、嫌味や皮肉を言わず、「なんであの人ばっかりうまくいくのだろう。いいなあ」「悔しい、なんで私でなくあの人が選ばれたの」などと思っても、「よかったわね、おめでとう」と相手を祝福することを習慣にします（そのうち、なんで腹が立ったか忘れてしまいます）。

こうした、いわゆる「社会的演技」を習慣にしていくことで、「私もちゃんとした大人として振る舞えるんだ」と少し自信がつきます。

本当はいい人でなかったとしても、「素敵ないい人」の振りをすればいいのです。はじめはどうしても「ありのまま」の「本当の自分」が出そうになりますが、少しずつコントロールできるようになります。そして、「いい人」として振る舞えたら「よく頑張った」と自分で自分を褒めてあげましょう。

「いい人」とは「いい人」として、「自分らしい」嫌な面を出さないで行動できる人です。

怒りや妬みのような悪い感情が湧いてきてしまった時は、ほかのことを考えましょう。そして、「ダメダメ、そんなつまらないことを考えていないでもっと楽しいことを考えなければ」と自分の心の中の悪い子が悪さをしないようになだめましょう。そのほうが自分も楽になります。嫌な感情に向き合うのではなく、スポーツをしたり、料理をしたり、好きなことで気を紛らわすようにします。

「ありのまま」の自分に振り回されるのでなく、「いい人」を演ずる。

自分の感情をコントロールして「ありたい自分」であるよう努めましょう。

2

「自分らしさ」は「したい」から生まれる

■「自分らしさ」はわがままだった

「自分らしく生きたい」という声を耳にすることが少なくありません。

自分らしく装いたい。

自分らしい暮らし方をしたい。

自分らしさを大事にできる仕事に就きたい。

自分らしさを大事にしてくれる人と結婚したい――、など。

そのたびに、新しい時代の新しい基準が広がってきたと、少しうれしい気持ちになります。というのも、一般的な基準にとらわれることなく自分の好みや考え方を大切にしていきたいといった「自分らしく生きる」自由を求めることは、ちょっと前の世

代までは〝わがまま〟とされてきたからです。

かく言う私も、その価値感を引きずっています。

日本がまだ貧しかった時代、自分の好みを振り回すのではなく、与えられたものを受け入れ、与えられた義務を忍耐強く果たす。自分のためよりも家族のため、職場のため、国のために行動する。それが「期待される人間像」であり、目指さなくてはならない姿でした。


しかし、時代が変わり、日本が豊かな社会になったことで、まずモノの面で選択の幅が広がり、みんなが同じである必要がなくなり、個性を大事にするようになりました。衣類、食べ物、様々な「もの・こと」の種類が増え、選択の幅が広がり、今では、個性的で人が真似のできない仕事や生き方をし、わがままとされてきたはずの「自分らしさ」を貫いている人が、魅力的な生き方をしているヒーロー、ヒロインとしてもてはやされ、あこがれられ、目指すべき姿と変わってきました。

大量生産の3枚1980円のTシャツより、デザイナーズブランドの限定生産で1

枚5000円のTシャツを買い、個性的なモノやサービスを生み出す人の評価も所得も上昇しました。

「自分らしさ」にこだわり、追い求め、前面に押し出すことが、魅力的な生き方として称賛される、それが〝今〟という時代なのです。

我慢をやめることが自分らしくあることではない

その一方で現実には、周りの人に気を遣い、場の空気を読んで、その社会からはみ出さないように行動しなければと、ガマンしている人もたくさんいます。

個性を発揮するどころか、自分らしさを抑えて生きていかねばならない。職場では上司や先輩、時には部下や後輩に気を遣い、家では夫や子ども、親の様子を見て、ママ友や近所の人々に嫌われないように上手に付き合う。

これまでは、それがまともな社会人として生きていくうえで当然とされていました。

しかし今や、その基準が揺らいでいます。

「自分らしく生きたい」から仕事を辞めました。

「自分らしく生きたい」から離婚しました。

「自分らしく生きたい」ので断捨離します。

といった声を聞くことが年々増えています。


今までずっと我慢し続けてきたけれど、もうやめる。

心身ともにスッキリするために、煩《わずら》わしいことを断ち切る。

そして、「私らしく」生きる。

一見、毎日うじうじ悩んでいるよりかっこよく思えるかもしれません。

でも私は、少し違うのではないかと考えています。

「自分らしさ」を大事にするために、自分の好みでないものは我慢せず切り捨ててしまう行動が、前向きとは思えないからです。

そもそも好みでないもの、ことを切り捨てたからといって、そのあと残ったものが「自分らしさ」かというと、それは疑問です。切り捨てたあとに何も残らないこともあります。

切り捨てるのは、あくまで何かしたいこと、するべきことがある時にすべきです。何かするために捨てざるを得なくなるという環境を自分でつくり出すわけです。

「○○を、ぜひしたい。それには時間が必要だから仕事は辞める」

「△△を手にするために向かうべき明確な目標がわかった。だからほかは必要なくなった」

など、具体的にすべきことを見据えたうえで、できなくなったこと、いらないものを切り捨てる。

それが自分らしく生きるということです。

しっくりこない状態を切り捨てるだけでは、自分らしい生き方にはならないのです。

「自分らしさ」はつくり出すもの

「社会的役割」なんか演じたくない。それでは、「私らしくない」。

その一方で、今の仕事や生活に満足していない、つまらない、楽しくない。ほかに自分らしい生活、仕事があるのではないか。

そんなふうに悩んでいるのなら、「自分らしさ」を発揮する仕事とは何か、どんな働き方をしたいのか、どんな生活をしたいのかを明確にするために、自分の希望を書き出してみましょう。それがはっきりすれば、何を切り捨て、何を残すか、何に取り組むかの取捨選択の基準がはっきりします。

今の仕事や暮らしも我慢できるなら、もしくは自分で担えるなら、捨てないで持ち続けるというのも、一つの判断です。

「自分らしく」あるには、自分が何をしたいのか、明らかにすることが、最初のステップとも言えるでしょう。

3

あなただからこそ成り立っていることを認める

■「自分には何もできない」は間違った思い込み

「自分らしく自分の好きなことをして生きていきたい」という人に「あなたの好きなことは何ですか」とか「あなたは具体的に何がしたいのですか」などと尋ねると、「わからない」と答える人が少なくありません。

社会で「らしく」生きることへの圧力が強すぎるので、それから逃れて「私らしく生きたい」「私らしく生きなければならない」と、ただ思い込んでいるのです。

日本人の多くは子どもの頃、「与えられた宿題をちゃんとしなさい」「みんなと仲良くしなさい」「人に迷惑をかけないようにきちんとしなさい」などと言われて育って

きました。

女らしく、男らしく、子どもらしく、受験生らしく、大学生らしく――。

大人になってからも、勤務先の○○社の社員らしく（先生らしく、警察官らしくなど）、お母さんらしく、妻らしく、となすべき「らしさ」、演じるべき「らしさ」が増えていきます。

しかし、期待された役割を果たすには、かなりの努力も必要とされます。

求められる「らしさ」をこなそうとしてもうまくいかず、目指すべき姿と自分との差を感じ、「私なんて、あれもできない、これもできていない」とできていないことばかりに目がいき、「自分は何もできない」と思い込み、「自分のよさ」を見失ってしまっている人も多く見られます。

自分は、本当は何がしたいのだろう。

自分は、どんな人生を送りたいのだろう。

考えれば考えるほど、わからなくなってしまうのです。

生活パターンはあなたそのもの

たとえば、「会社員らしく」生きることに反発していても、組織・会社から離れたら何をしていいかわからないし、会社から自立して家族を養える収入を得ていく自信がない。だから、組織・会社にしがみつくしかない、そういう男性はたくさんいます。

一方、多くの女性は会社だけにどっぷり浸かることなく、家庭・家族・友人など、別のコミュニティを持っています。それは、とても素晴らしいことです。

なのに、「私なんて職場でもたいした仕事をしてこなかったし、家事も十分できていない」と思い込んでいる女性が少なくありません。これは、とてももったいないことです。

100パーセント完璧な妻、母でなくても、100パーセント「できる女性」でなくても、毎日職場に通ってきちんと仕事をこなし、家族が健康的な生活ができているということは、働く女性としても母、妻としても、日々小さなことを成し遂げているということです。自分に求める水準を少し下げましょう。

それぞれ70パーセント、60パーセントの出来でも、合計すれば130パーセントと考えるのです。

自信は持ちにくいかもしれませんが、「自分は自分なりに精いっぱい生きているのだから、これでいいのだ」と認めていきましょう。

そこに、あなたらしさが潜んでいます。


そもそもあなたらしさに、お手本も正解もありません。

ましてや、どう生きれば「あるべき人生」になるのかは、誰にもわかりません。

日々、生活をしていく中で、様々なことが起こり、いろいろな可能性と出会います。

常にその時のベストを尽くす。

それが、樹木希林さんの「出たとこ勝負」という生き方に通じるのかもしれません。

その中で何を選び、選ばないか。どういう行動をするか（しないか）が「あなた」なのです。

4
自信は自分で持つと決めることで生まれる

自信が持てない日本人

　私は若い頃、本を読むのが大好きで、本の世界に浸りきっていました。そのためか、何をしても要領が悪く不器用で、家事は人の2倍は時間がかかり、友人と話していても気の利いたうまい言葉も言えず、太り気味でスタイルがよくないことから、自分に自信が持てませんでした。

　学校の成績はよかったものの、当時、女性の将来に学校の成績がどう役に立つかもわかりませんでしたから、「私なんてたいしたことのない人間だ」と思い込んでいました。

　進学した大学で出会った友人たちは本当に優秀でした。

ところが、とてもきれいな友人が「足が太い」と気にしていたり、英語も数学もよくできる友人が「自分はかわいくない」と気にしていたりする姿を見て、「こんな素晴らしい女性でも、つまらないことを気にしているんだ」と、自分だけが悩んでいるわけではないことを知りました。

社会生活をするうちに、だんだんと周りを見ることができるようになると、どんなによい学歴を持っていても、どんなによい職業に就いていても、自分に自信のない人がとにかく多いことに気づきました。さらに、留学したり、仕事をしたりする中で、多くの海外の人たちと出会い、彼ら、彼女たちの前向きな考え方を目の当たりにし、自分も含め日本人の自信のなさ加減にあらためて驚きました。

それから、だいぶ月日が流れ、世の中や時代は変わりましたが、日本人の自信のなさは、ほとんど変わっていません。

私は今、昭和女子大学で総長を務めているのですが、大学で学生たちを見ていると、女性は強くなったと言われてはいるものの、その実、多くの女性たちが、自分に自信を持ちきれていないと感じます（自信のない男性も多いようですが）。

できないわけでも、努力していないわけでもないのに、なぜか、自信が持てないのです。

自信は育ち方で変わる

どうして日本人には、こんなに自信のない人が多いのか。そして、自分の欠点ばかりに目がいってしまうのか。

その要因は、育ち方、育てられ方にあるのではないかと、私は考えています。

日本では、失敗したり、間違えたりすると叱られます。

子どもが学校のテストで90点を取ってきたとしても、「なぜ100点取れなかったの」「どうして間違えたの」と、親は言ってしまいがちです。子どもは怒られるたびにできない自分を嫌というほど認識させられ、勉強も運動もできる理想の子どもと違っていることを意識し、どんどん自信を失います。

アメリカでは、子どもが学校のテストで90点を取ってきたとしたら、「90点取ったの！　素晴らしい。頑張ったね!!」と言って親は子どもを抱きしめます。すると子どもは、頑張った自分を認めてもらうことで自信がつき、堂々と振る舞えるようになります（もちろん、アメリカにも親から励まされず、自信のない大人になった人はいますが）。

こうした背景からか、最近「褒めて育てる」という手法が、日本でも取られるようになってきました。

しかし、「褒めて育てる」ことを、なんでもかんでも褒めればいい、と勘違いしている親、教師がたくさんいます。

今ある力の70～80パーセントくらいでできることを成功したからといって、成長にはつながりません。子どもも、そのレベルで褒められてもうれしくないし、身につくのは間違った自信だけです。今の力の105パーセント、110パーセントを出して成し遂げた時に、心から褒めてあげることで「やれば、私でもできるんだ」と実感し、自信が育つのです。

子どもの頃に刻印された意識を変えるのはむつかしいかもしれません。でも、人生100年時代。ずっと自信がないまま過ごすのは、もったいないことです。

欠点や短所があるから、今のあなたがいる

若い頃はなかなか自信を持てなかった私も、歳を重ねて少し変わりました。今もできないこと、人と比べて劣っている部分はたくさんあるのですが、若い頃に比べると、自分の欠点があまり気にならなくなりました。

その理由は三つあります。

一つめは、少しずつ自分の得意なことやできることが見えてきたこと。これまで様々な仕事を手がけ、成し遂げてきました。その中で、たくさんの人とお会いし、感謝されたり、求められたりして、自分にもできることが少しはあることがわかってきました。

たとえば、文章を書くのが苦にならない。時にはよい文章も書ける。講演も誠実に話を聞いてくださる方と心を通わせることができる。お掃除は得意ではないけれど、短い時間に多種類の料理をさっと作ることならできる。同じことを繰り返すのは不得意だけど、新しいことをやってみるのは好き——。

誰にだって得意なことの一つや二つはあるでしょう。

得意なことを伸ばす努力は楽しく成果が上がりやすいものです。得意なことを磨いて伸ばしていくと、短所や不得意なことが気にならなくなってきます。

二つめは、悩む暇があるなら行動してしまえばいいと知ったこと。

私自身が経験から学んだことですが、失敗したことやできないことをいつまでもくよくよ思い悩んでいても何も変わりません。どんどん落ち込むばかりです。悩んでいたからといって解決できることなどありません。

悩む暇があるならばまずやってみる。

１００パーセント成功する自信がなくても、まず一歩を踏み出してみる。自分だけでできなかったら、誰かに助けを求める。

ビジネススクールでは、起業のクラスで「Fail fast（早く失敗しろ）」と教えます。早く失敗すれば、そこから学び、立ち直ることができ、次に進めるからです。多くの経験を踏み、自分一人で１００パーセント完璧に仕上げる必要はないと、考えるようになったことで悩む時間が減りました。

また、やってみると意外とできてしまうことがあることにも気づきました。

迷ったり悩んだりしているだけで何もしない時間が、いちばんもったいないのです。

三つめは、短所にもプラスの面があることに気づいたこと。

短所も、見方を変えれば自分の特徴であり、持ち味です。この短所があることで経験できることもあります。

まず、100パーセント完全にできないので謙虚になれます。また、失敗を経験しているので、他人の失敗に対して寛容になります。

たとえば私は、部下がうまくできなくても「自分もそうだった」「私よりはマシ」などと思い、感情的にならずにすみます。

さらに、要領が悪いと反感や嫉妬を受けにくいですし、太り気味であっても健康がいちばん、などと視点を変えれば欠点によって生まれるメリットもあるのです。

私は、様々な経験、体験をすることで、ささやかな自信を自分の中で育てることができるのではないかと考えています。

そのため、昭和女子大学の学生たちに、「プロジェクトを成し遂げた！」「頑張ったことで感謝された！」という「小さな成功体験」を積む機会を増やそうとしています。「小さな成功体験」を日常の学習、生活の中で積み重ねていくのです。

これらを一つひとつ味わうことが、自信をつけるための心のトレーニングになります。自信のない自分から少しずつ抜け出していけるはずです。

自信を持つように行動するとそれによって変わることができます。

自分で自分を貶《おとし》めたり、自分を嫌悪したくなるようなことはしないと決意しましょう。ものの見方を変えるリフレーミングという手法（１４６ページ）があります。出来事や物事を、今とは違った見方をすることでマイナスだと思い込まず、意味を変化させて、気分や感情を変えることです。

見方を変えれば、答えも変わり、結果も変わります。あなたもまた、変わることができるのです。

人生はまだまだ続きます。まだまだ成長できる余地はたくさんあります。

これから変わっていきましょう。

5

「自分」を大切にする

■生きていくために必要な7つの力

私は昭和女子大学の学生に、夢を実現するために、次の七つの力を持とうと呼びかけています。

1　グローバルに生きる力(日本の伝統や文化を大切にできる。日本の特徴を理解し表現できる。外国の文化に偏見や差別感を持たない。異なる価値観を尊重する)

2　外国語を使う力（自分の意思を伝え、相手の考えを理解することができる。外国語を一つはマスターする）

3　ITを使いこなす力（発信するだけでなく、選んで活用し、自分を守る）

4　コミュニケーションをとる力（文章を読んだり、話を聞き理解する力、話す・書く・表現する力を持つ。挨拶、態度、服装などを活用する）
5　問題を発見し目標を設定する力（もっとよい方法はないかを考える）
6　一歩踏み出して行動する力（最後まであきらめず失敗や挫折から立ち直る力）
7　自分を大切にする力

この中でいちばん重視するように強調しているのが「7自分を大切にする力」です。誰しも自分のことがいちばん大切なのが当たり前だ。とくに最近は、利己的で自分ファーストの人が増えすぎている、なぜ今さらそんなことを言うのか、と不思議に思われるかもしれません。

しかし実際は、自分を大切にすることができていない、むしろ粗末に扱っている人がとても多いのです。

たとえば、第3志望や第4志望で進学した自分の高校や大学を「レベルが低い、ろくな先生がいない、魅力的な友人がいない、こんな学校で勉強しても意味がない」と投げやりになって利用できる機会も活用しないで過ごす学生。

学校での成績がよくないからという理由で「自分は頭が悪い」と決めつけ、どうせたいした仕事にもつけないとあきらめて勉強も努力もせず、簡単な資格試験すら受けずに、やりたい仕事ではなく入れそうな会社にしぼって願書を出す就活生。

与えられた仕事をこなすだけで、新規プロジェクトの募集があっても「私には無理」と手を上げることもせず、「無理してもたかが知れているから楽をしよう」という会社員。

顔やスタイルを気にして、どうせ自分は不美人だからと服装や身だしなみにかまわない。あるいは、流行だからと似合わない服装をする若い女性。

せっかく健康に生まれているのに、無理なダイエットをしたり、たばこやお酒をのみすぎたりする人。

どれも自分を大切にしている、とは言えない行動です。自分の持っているものを活かさず、それによって、未来の自分の可能性を自ら奪ってしまっています。

言い換えると、自分の未来を大切にしていない、ということです。

自分の可能性を信じる

私の考える「自分を大切にする」とは、自分らしく、自分の好きなように生き、自分のやりたいことをする、自分の好みを振り回すということではありません。

自分は成長できると信じ、磨くことをあきらめないこと、つまり、自分の未来を大切にし、自分の可能性を信じているということです。

現代は、典型的な美人より、個性が尊重される時代です。でも、その個性も自分が自信をもってアピールしなければ、認めてもらえません。

私は、ミスインターナショナルの審査員をさせていただいていますが、優勝するのは金髪碧眼のヨーロッパ系の女性より、インドネシアやフィリピン出身の女性、南アメリカ出身の女性のほうが多い傾向にあります。肌の色が少し黒くても目が輝いている、多少背が低くても鍛えられてメリハリのきいた筋肉が見事であるなど、選ばれる理由は様々です。今や「美人」の定義は多様化していると実感します。短所があっても、自分のよいところを堂々とアピールする。その点も美しさとして高く評価されるのです。

生まれつきの顔や背の高さ、骨格などを変えることはむつかしいですが、その中から魅力的なポイントを見つけ、アピールするにはどうすればよいか考え、工夫することで、人は美しくなることができます。

英会話はできないけれど、歌が得意なので、英語の歌詞の歌を歌ってコミュニケーションを図る。背が低い分、顔も小さいので、オシャレを楽しめるなど。

できないからとあきらめてしまうのではなく、できるかもしれない、やれるかもしれないと思って頑張ってみる。できないと思い込んでいたことができ、自分のできることが増えると自信がつきます。

今の自分を受け入れる

自分を大事にするには、今の自分を受け入れることから始まります。

たいした才能はなくても、たいして美人でなくても、たいしてよい学校を出ていなくても、たいした家柄の出身でなくても、親が金持ちでなくとも「それが自分だ」と受け止めることから始めましょう。

ありのままの自分の理想とはほど遠いと、与えられた現実を否定しても何も生まれません。

テストの点数はよくなくても、少しは得意なことがある（絵がうまい、人を笑顔にできる）、少しはかわいいところがある、「それも自分」と少し自信を持ちましょう。

私自身も、目が細くて丸顔であまり美人ではありませんでしたが、母が「笑顔がいい」「笑うとかわいい」と褒めてくれたので、よく笑うようになりました。笑顔に自信を持てたのは幸せでした。

母からの大きなプレゼントです。

変えようのないことは気にしないこと、少しでも変えることができるのなら、たとえ成果が少なくても努力し続ける。それで、自分の可能性が広がり、自分を大事にすることになります。

「私は何をやってもついていないから」「どうせ才能がないから」と自分の可能性がないと決めつけてしまわないでください。

「私なんて」と卑下しすぎるのは、謙虚ではなく自分を粗末にしているだけです。

自分が自分を粗末に扱ったら、誰が自分を大切に扱ってくれるのでしょう。まず、自分の応援団として自分のよいところを見つけていきましょう。

6

「こうありたい」を人生の先輩の姿に学ぶ

■尊敬できる人を見つける

これからの人生をどう生きていきたいかを考えるうえで、周りの諸先輩の姿はとても参考になります。

「あんな先輩はかっこいい」「ああいうコーチになりたい」「あの課長は素敵だな」など、心からそう思える具体的なお手本が周りにいるなら、それはとても幸運です。成長のきっかけになります。

女性が男性に比べて社会で活躍するのが難しい理由は、メンター（人生や仕事の指導者）やロールモデル（お手本となる人物）がいないからだと言われます。

アメリカで成功している男性経営者は、若い頃によきメンターと出会っています。

日本も最近はそういう人がたくさん出てきています。

しかし女性は、職場でよきメンターに出会う機会が少ないのが実状です。メンターになれる女性が少ないこと、メンターとしての力はあっても部下や後輩を指導できる立場にないことなどがその要因でしょう。

最近になって、女性育成に熱心な企業では、若手女性社員が部長クラスの男性幹部に相談し、指導を受けられる社内メンター制度を設けるなどして、先輩と接する場を提供していますが（昭和女子大学でも、社会経験に富む女性にメンターとして学生たちにアドバイスをお願いし、効果を上げています）、まだまだほんの一部です。

周りに具体的なお手本が見つからない時は、身近でなくてもいいので、自分でメンター、ロールモデルとなる人を探しましょう。メンターに出会えるかどうかは「運」や「偶然」に左右されますが、心がまえができているかどうかも大事です。まずは、アンテナを張っておきましょう。

いわゆる成功者でなくても、「ああなりたい」と心から思える、尊敬できる年長の人に出会えたら、アドバイスをお願いしてみましょう。指導を乞うた時の反応、対応を見て、これと思う方がいたら、いきなり「メンターになってください」と言うのではなく、具体的な小さい相談を持ちかけてみましょう。それに面倒がらず答えてくれ、新しい視点を与えてくれたら、その方があなたのメンターです。

「メンター」というと、全面的に尊敬できる完全、完璧な人を見つけなくてはと思うようですが、そんな人は、まずいません。

何もかも優れていなくとも、あらゆる面で立派に成功している方でなくとも、一つでも尊敬できる点のある方ならそれでよいのです。

また、メンターは一人に限定せず、職場での実務的なアドバイスをお願いする人、身の振り方を相談できる人など、複数いることで、より具体的かつよいアドバイスがいただけます。

誰しも得意不得意があって当然です。一人の人にすべてを期待してはいけません。

「ああなれたら」は真似から始める

ロールモデルは、自分も将来「ああなれたらいいな」という生き方をしているあこがれの先輩です。

あこがれといっても、遠いところで大成功しているスターではなく、あなたと共通点があり、身近でその考え方や行動を見ることのできる、お手本になる人です。いろいろな苦境を潜り抜けてきた10歳以上年上の先輩がふさわしいでしょう。

メンターと同様、一人に限定せず、複数の「あこがれの先輩」を持つとよいでしょう。

ロールモデルとなる先輩には、具体的なアドバイスを聞くというより、彼女がどういう状況の時にどう発言し、どう振る舞っているか、しっかり観察することです。

そして、彼女の立ち振る舞いをそのまま真似るのではありません。「あこがれの先輩」は完全な人ではありません。自分にとって参考になる点をピックアップし、応用できる機会に一つひとつ実践していくのです。

あの先輩のああいうところ、この先輩のこういうところというように、それぞれよいものを吸収していき、組み合わせると、「自分らしい生き方」を見つけることができるはずです。

人間として尊敬できる人から、学び、影響を受け、どんどん成長しましょう。

7 知足安分をあきらめる理由にしない

■成長したいという気持ちが活力になる

「知《ち》足《そく》安《あん》分《ぶん》」という言葉があります。

足るを知り、分に安じる。

つまり、自分の現状を不足に思わず、自分の身の程を知り、与えられた立場に満足せよという意味で、身分や資産など個人の努力だけでは克服できない社会で、心安らかな人生を生きる東洋的な知恵です。

33歳でアメリカに留学した時、私は若い男女が「もっともっと」と高みを目指して努力している姿、会話の中に「チャレンジ」という言葉が飛び交っている様に、感銘

を受けました。一人ひとりが自分の能力を最大限に発揮できるよう自己実現を図り、成功を目指して輝いていて、それが社会や経済の活力をもたらしているのだと感じました。

大企業の一員になるより、自分で起業する。自分の才能と可能性を信じてリスクをとる。「知足安分」の美徳と程遠い社会です。

21世紀に入り、その傾向はさらに強まり、経済がグローバル化する中でアメリカではGAFA（Google・Apple・Facebook・Amazon）と言われる新しい企業が急成長しました。能力と好運に恵まれて成功した経営者が私たちの想像できないような高額の報酬を得ている一方で、うまくいかなかった多くの人は収入が低く、苦しい生活に追われている社会、それが今のアメリカです。それでも多くの人が希望を持っていましたが、最近は貧富の差が大きくなりすぎ、その不満がトランプ大統領を生んだと言われています。

対して日本は、至るところで周りに気を遣い、空気を読み、個人プレーよりチームプレーを重んじ、自分の意見やアイデアを出すのは奨励されない空気があります。まさに知足安分状態の社会です。

あるアンケートでは、最近の若い人たちの多くが「お金持ちになりたい」という気持ちがない、むしろ「お金はとくに欲しくない」「贅沢《ぜいたく》は望まない」という答えが多かったそうです。

これでは、日本の社会や経済の風通しが悪くなり、沈滞するのは当然です。実際、日本経済は停滞を続け、シャープ、東芝、日産といった大企業も力を失い、外資系企業に支配されている今、これから先も期待が持てません。これらの企業で働いている人たちの可能性や能力が、十分に活かされていないように感じます。

個人の生活もこれからますます豊かさが失われ、生きる力、成長したいという気持ちを失っていくことも考えられます。

このままでは、日本の社会は穏やかに衰えていってしまうでしょう。

もっともっとの行きすぎは幸せを見失ってしまう

もちろん、個人として心安らかに、日々の幸せを感じるには、「知足安分」を意識することはとても大切です。

いくら多くの収入を得て高いポストに就いていても、足るを知らなければ、心が休まることもなく、幸せにはなりません。

能力不相応に成功したい、出世したい、評価されたい、お金持ちになりたいなどという欲望を持っていると、日々、競争に身を削り、嫉妬に心を焼かれることになりがちだからです。

２０１８年末に逮捕されたカルロス・ゴーン前日産会長のように、高額の報酬を得、社用ジェット機で世界を飛び回り、豪華な社用住宅に住んでいるにもかかわらず、もっともっとと収入を欲しがる人たちも、事実、存在します。そんな彼らには、「足るを知れ」と言いたくなります。お金や地位、権力、名誉などといった個人的欲望は、知足安分でいくべきだと、私は思います。

しかし一方で、自分の現状について疑問も持たずただ受け入れ、向上心を持たず努力もせず、ほどほどに、安らかに暮らすことが「知足安分」と考えるのは、もったいない生き方です。自分の能力を伸ばす、いい仕事をすることには貪欲であるべきです。

今が充実していないのに、心から満足しているわけではないのに、それが自分にとっては分相応なのだとあきらめてしまっては、この先も、心から幸せを感じられる状態を手に入れることはできないでしょう。

使わない筋肉は衰えてしまうように、欲望や向上心を持たなくなると、未来がどんどん衰えていきます。

しかし、個人の欲望の追求は、ほどほどでよいのです。

あえて「足るを知らず」に歩き出す

私は、お金や資産は「足るを知る」ほうがよいと考えています。そこそこの生活ができれば十分ですし、宝石や外車や別荘を持ちたいとも思いません。通勤もスニーカーです。

しかし、仕事は違います。

常に「昭和女子大学をもっとよい大学にしたい。どうすれば学生たちにもっとよい教育ができるか」と、あえて「足るを知らず」「もっともっと」の姿勢で努力しています。

昭和女子大学は私立の中規模大学ですから、予算規模の大きいマンモス大学に比べ、できることが限られています。

でも、その限られた中で、「こうしたらどうだろう」「ああしてはどうだろう」と次々に工夫して教職員と一緒に改善と改革に取り組み、その成果が出るとうれしくなり、自分で自分を少し褒めてあげたくなります。

私が今、「もっともっと」と戦うフィールドは大学ですが、人それぞれ戦いの場は違います。仕事場であり、家庭であり、地域であり、自分かもしれません。

さらに、現代の便利で快適な世の中は、あえて「足るを知らず」「もっともっと」の精神でつくり出されたものばかりです。

新しい発見をしたい、未知な分野を探求したい、と寝食を忘れて頑張っている科学者や研究者、新しい芸術作品を生み出そう、新しいパフォーマンスをしようと精進している芸術家、アーティスト。そして、報酬を求めず、やるべきことをやろうと努力している社会活動家・ボランティアの人たちもいます。

先日亡くなられてしまいましたが、日本での豊かで安楽な生活を求めず、アフガニスタンの貧しい農村のために働いていた中村哲さんもそのお一人です。

社会的に意義のある仕事をするのが、自分の義務であると考え、教育や福祉の分野、あるいは海外で社会的な活動に励む。

これを「大欲」と言います。

「大欲」は、強欲とは違い、世間や他人の欲求・欲望を満たすことが自分にとっての幸せという精神のことです。

「私はそんなたいそうな人間ではないから」など、自分勝手に足るを知り、分に安んじて自らの可能性をあきらめず、様々なことに挑んでほしいと期待します。

あなたの助けを、言葉を、愛情を、待っている人がたくさんいるからです。日本国内だけでなく、海外に目を向ければ、助けを必要としている人はもっと多くなります。

今は、力が足りず、大きな成果は出せないかもしれません。

でも、及ばずながら活動し続けていると、少しずつ効果が見えてきます。それこそが手に入れられる、お金ではない精神的な報酬です。

個人の欲望に関しては「知足安分」で、自分以外の大切な人、家族や友人を支える、社会的な目標を実現する、専門分野の業績を上げるなど、「足るを知らず」に自分の全力を注ぐ生き方を歩んでいくのが私の理想です。

8

とにかく生きて自分の命を全うする

理想と現実を比較してはいけない

仕事ができて職場では高く評価され、美人ではなくとも魅力的で友人が多く、理解ある夫、かわいい子どもなど、家族にも恵まれている。

女性誌には、しばしばそうした女性の暮らしぶりが紹介されていますが、多くの女性にとって、それは別世界の高嶺の花です。

たいていの女性は、女性誌で紹介されている彼女たちとは程遠い暮らしをしています。

どんなに頑張っても、与えられた仕事をこなすので精いっぱい。

わがままを言う子どもに、つい声を荒らげてしまっては自己嫌悪に陥る、の繰り返し。

心にも時間にも余裕がなく、お肌の手入れも髪のケアも行き届かないから、毎朝、

自分の顔を見るだけで憂鬱《ゆううつ》。

家は常に散らかりっぱなし。休日もすることがたくさんあって、片付けも掃除もできていないので、とても友人は呼べない。

夫に「なぜ、私ばかりがあれもこれもしなければならないの」と不満をぶつけてしまい険悪な雰囲気に。

ああ、なんて私はダメなのだろう……。心を癒すために手にした雑誌なのに、誌面に登場する彼女たちの暮らしぶりにかえってへこんでしまい、大きなため息をついてしまった。

そんな経験はないでしょうか。

先日お会いした女性も、疲労感を隠し切れない、生気のない表情をしていました。

彼女は、家事は専業主婦なみにきちんとしなければいけない、職場では男性の同僚にバカにされないようにしっかり働かなければならない、と、毎日、限界以上まで働き、くたくたに疲れ切っていました。

そして、いつも忙しくしているうちに、いつしか「心を亡くして」いたのです。

でも思うのです。

理想を目指すのは大事だけれど、一方で、今しかないこの時を、疲弊して過ごすのはもったいない。状況はいつまでも変わりませんし、そもそも無茶な生き方は長続きせず燃え尽きてしまいます。

人生１００年時代。

長い人生、緩急をつけて生きる知恵が必要です。

長期的に考え、同時にすべてを完璧に行おうとするのではなく、すぐに達成しなくとも、いつか実現すれば、それでよいのです。

不得意なことは他人の力を頼る

今はシェアの時代です。

現実をしっかり生き抜いていくには、自分の不得意なことは人に任せ、得意な分野で成果を上げる知恵も欠かせません。

ところが、仕事をしていても家族に迷惑をかけてはいけない。家庭の仕事は女性の責任。育児や家事はきっちりこなすべき。そんな思い込みにとらわれている女性がたくさんいます。

私が子育てをしていた頃、それこそ40年ほど前はなおさら、仕事をしているからといって、家族に迷惑をかけてはいけない、専業主婦のお母さんを持っている子どもに負けない勉強のできる子にしなければならない、そう考える女性が多く、私もその一人でした。夫から批判を受けることもあり、常に、罪悪感と自己嫌悪に取りつかれていました。

しかし先日、時代が変わったと痛感しました。

女性誌の取材で「どうしたら家事負担を軽くできるか」というテーマについて、「家事の全体量を減らすか、誰かとシェアすること。そのためには、妻が夫を家事ができるように育てなければならない」と持論を述べたところ、担当の若い女性編集者に、「それは不公平だ、夫がシェアするのは当然で、妻が育てなければならないことはないと思います」と反論されてしまいました。

私世代の人間は、男は仕事、女は家事に育児、介護の役割分担の意識が根底に残っていますが、若い世代は違うのだなと、彼女の言葉に気づかされました。

食器洗い機、全自動洗濯機、お掃除ロボットなどの家電を使いこなすだけでなく、必要でない家事はしない、もしくは夫と分担するか、ハウスキーパーやお掃除サービスなど、いろいろなサービスを活用するなどして減らす。

反対に得意なこと、好きなことは思い切って時間をかけ、挑戦していく。

不得意なことに過大に時間やエネルギーを割かず、得意な分野で成果を上げるほうが、自分も周囲も幸せにするのです。

第2章

たしなみある人間関係を育む

1

あなたは誰かの大事な人

目の前の人だけ見るのはもったいない

「思う人には思われず、思わぬ人から思われる」のが男女の仲と言われます。

恋に夢中になっている時は、意中の相手が自分のすべて。相手のことしか見えず、相手の気持ちや行動にやきもきしてしまいます。他の人が、あなたを理解し、やさしく見守って、幸せを願っていたとしても目に入りません。

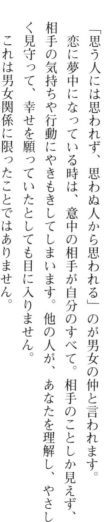

これは男女関係に限ったことではありません。

たとえば職場では、人事権を持っている上司、将来は取締役間違いなしと一目置かれている有能な先輩、人気のある同僚などからは評価してほしい、仲良くしたい、好感を持ってほしいと思うものです。しかし、人気者である分、彼らの周りには常にたくさんの人が寄ってきてちやほやするので、振り向いてもらうのは難しく、好意を見せても軽くあしらわれてしまうかもしれません。いくらアプローチしてもなかなか相手にされず、自分には魅力がないのだと自信を失ってしまうこともありがちです。

でも、職場にいるのは人気者だけではありません。目立っていなくても、誠実な人、努力家の人、やさしく親切な人などもいるはずです。そういう人気者以外の人に対しても相手の行動に気を配り、約束を守り、礼儀正しく接し、忙しい時には手伝うなどの対応をしていると、お互いを支え合えるいい関係が生まれ、仕事もスムーズに進みます。

友人同士でも同じです。

「ママカースト」「キャリアカースト」などという言葉があるように、女性の集う場には、人気のある女性と、そうでない女性を区別する人がいます。しかし、カーストで下のほうに位置していても、素晴らしい人はたくさんいます。その中には、あなたにとって欠かせない友人となりうる人もいるでしょう。

他人の評判や基準に惑わされることなく、率直に自分の基準で人を見る習慣を身につけることで、恵まれる出会いはたくさんあります。他人が勝手に決めた評価に惑わされず、気が合うか、お互いにとってどうかで判断すればよいのです。

自分を大事に思ってくれる人に気づく

人はとかく目立つ人、影響力のある人に目が行きがちですが、あなたの周りには、たくさんの人がいます。なかには、あなたは気がついていなくても、あなたのことを大事に思ってくれている人もいます。

「思わぬ人に思われたってうれしくない」などと罰当たりなことを言わず、自分のことを温かく受け止めてくれる人に感謝し、その思いを大事にしましょう。

自分を大切に思ってくれる人がいるというのは、自分に自信を与えてくれます。

私も、さほど親しく付き合っていなかった近所の人に、引越しの際、「寂しくなりますね」と声をかけていただいたり、公務員を退職する際、守衛さんが惜しんでくれたりした時は、心がとても温かくなり、こうした周りの人たちの温かいまなざしに支えられて生きているのだと感謝でいっぱいになりました。

また、今は会っていない人が、自分の存在を大事に思ってくれていることもあります。昭和女子大学という教育の場に来て発見したのですが、教師たちは、自分が教えた学生をとても気にかけています。たまに卒業生が遊びに来たり、卒業生からはがきが届いたりすると、心から喜んでいます。

学生は意識していませんが、教師にとって、教え子はいつまでたっても「大事な生徒（人）」。ずっと大事に思い、応援してくれています。

ぜひ、時間をつくってあなたの小学校の担任の先生、中学校の時の部活の先生などに手紙かはがきを出し、近況を報告しましょう。とても喜んでくれるはずです。

前ばかりを見ていないで、ちょっと後ろや周りを見回すと、自分を大事に思ってくださる人がたくさんいることに気づきます。

近所のかわいい子どもたち、いつもきれいな花が咲き誇っているお庭、そのお花を育ててくださっている近所の方の存在に、自分がどれほど慰められているか、あらためて意識し、感謝の気持ちを持ちましょう。

2
付き合う相手を固定しない

変化のない日々は脳も心も老化させる

長い間、一つの職場で働き続け、同じ人とばかり付き合っていると、新しい刺激を受けることが少なくなり、しがらみにどっぷり浸かって、心が固まって感情が乏しくなります。

私も就職したばかりの時は、公務員という仕事の特殊さ、職場の雰囲気に違和感を覚えていたはずなのに、10年も経つ頃には「自分は公務員の世界に適応して、まあまあなんとかやっていける」と思うようになっていました。それから20年後、社会に出て30年以上が経った時、私は大学という公務員以外の世界に踏み出しました。それには、大変勇気が必要でした。受け入れてもらえるだろうか、ちゃんと仕事ができるだろうか。公務員の世界では一応通用していたものの、外の世界で働いた経験がないので、通用するかどうか、自信がなかったのです。

実際、新しい職場、大学という世界に出てみると、ピラミッド型の組織で仕事をする公務員とは価値観がまったく違い、はじめはずいぶん戸惑いました。

部下がいなくなったので、コピーも連絡も時間管理も、すべて自分でしなければなりません。慣れないうちは、ダブルブッキングや約束のすっぽかしをしてしまったこともあります。また、パソコンスキルも必要で、先生について基礎から学び直しました（まだまだ初心者が初中級になったレベルですが）。

日々、悩みながら行動していくうちに、脳細胞が少しずつ活性化し、大学について「こうしたらいいのではないか」「これも試してみよう」など、外から来た人間だから気がつく様々な発想ができるようになりました。

新しい世界、新しい人々と出会ったことで新しい自分に出会い、自分なりに新しい世界をつくっていくことができたのです。

日々の生活の中で緊張感をなくしているなと思ったら、意識して普段出会わないような人、生活圏が違う人やまったく違う世界で生きている人と話をしたり、一緒に行動してみましょう。

「へー、そうなんだ」と感心することがたくさんあるはずです。

また反対に、あなたが当たり前だと思っていたことにたいして、別の世界の人から「ほー」と驚きの声が上がるかもしれません。そのことに、あなたもまた「フーン」と驚いたり感心したり、自信を持ったりするでしょう。

ちょっとほかの世界に興味や意識を持つだけで、自分を縛っていた価値観から放たれ、世界を見る目が変わってくるはずです。

自分のいる世界がすべてではない

私の友人は、子どもを育てる間は専業主婦をしていましたが、定期的に元いた会社の同僚やバリバリ働いている大学時代の友人などと会っては話をしていました。

働いていないことに引け目を感じたり、バリバリ仕事をしている友人がまぶしく見えたり、つらい思いをすることもあったそうですが、それでも自分と同じような生活をしている主婦仲間とだけ過ごすより刺激を得たそうです。

働いている友人と接するたびに「自分も何かしなくては」という気持ちが高まり、子育てが一段落するなり、再就職に踏み出すことができたと言います。

同じ環境にいる人、たとえば長く一緒に働いている会社の同僚やママ友・ＰＴＡ仲間などと悩みを共有したり、助け合ったりすることで、お互いの信頼関係が深まることもあるでしょうし、その関係の中で穏やかに過ごせるかもしれません。

でも、人生は長く、世界は広いのです。

窓を開けてみましょう。

外に目をやり、新しい風を胸いっぱい吸い込みましょう。

あなたがいる内側と違って、窓の外では冷たい風が吹いていたり、激しい雨に襲われたりするかもしれませんが、それはそれで新しい発見もたくさんあるでしょうし、面白いことに出合える可能性も少なくありません。ラクではありませんが、楽しいです。

30歳で子どもを産んで、子育てに15年を費やしたとしても45歳。人生１００年時代、残りは55年もあるのです。これまでの人生より長い時間、今と同じ時間をずっと過ごし続けるなんて、安定はしているとしても退屈ではないでしょうか。

私も自信も経験もまったくない状態で、60代で大学運営という新しい世界に踏み出しました。挑戦することで他の世界の人たちと出会えたことによって踏み出す勇気を持つことができたのかもしれません。

新しい世界、人との出会いで心は若くなる

新しい世界と人に出会う場を意識してつくると心の若さを保つうえでも効果があります。

私は、「親友も大事だが、新友も大事」といつも言っています。

興味のある、もしくは興味を持てそうな講演会、公開講座に参加するなどしてみるといいでしょう。また、自分が興味のある分野の活動をしている団体、NPOなどに加わるのも一つの方法です。どんな講演会かわからない、変な団体には加わりたくない、危険は避けたいと思うかもしれませんが、合うかどうかは、実際、参加してみないとわかりません。玉石混淆《こんこう》、必ず当たりはずれはありますから、まずは気軽にのぞ

いてみることです。合わないと思えばやめればよいですし、気に入れば続ければよいのです。

また、出身高校や中学の同窓会に顔を出してみると、世話好きな人や面白い活動をしている人に出会うかもしれません。

習い事、勉強会も自分の世界を広げ、新しい出会いをもたらします。

まったく経験のない分野より学生時代や子どもの時に少し経験したもの、長年ちょっと気になっていたものなどがよいでしょう。３か月はやってみよう、嫌ならやめようぐらいの気持ちで踏み出せばよいのです。

ジムや体操教室に参加するのも、健康のためだけでなく、新しい人に出会い、新しい世界に踏み出すきっかけになります。

何をしようか迷い、悩んでいる時間も楽しいですが、長く続けてはいけません。まずは出かけてみましょう。

3

友人を得るのは出会いの運

いくつになっても友人はできる

ありのままの自分を受け入れてくれる親友は宝だとよく言われます。つらい時に支えてくれ、喜びを分かち合い、困った時にアドバイスしてくれる。そういう友人がいたらとても幸せですよね。

しかし、人生の宝ともいうべき親友に出会えるのは学生時代か若い時期だけ。大人になると、仕事のうえでの付き合いは増えるけれど、親友と呼べるような友人はできない、そう思い込んでいる人が多いようです。

でも、本当にそうでしょうか。

たしかに私も若い時は、友人たちと一緒に行動し、一晩語り明かし、本当の自分を

理解しているのは家族より友人だと思い込んでいました。

とくに大学時代は、才能の面でも人間的にも素晴らしい人たちと出会い、友人になることができたため、これ以上の友人に出会うことはないだろうと思っていたこともあります。

しかし、卒業後、お互い別の道に進み、家庭を持つと、時間がなくなり、なかなか会うこともかなわず、関心や話題が合わなくなり、以前のような関係ではなくなっています。もちろん、会って話していると懐かしさがよみがえり、様々な話をしますし、相手に対する尊敬の念が消えることもなく、人生の宝であることは変わりません。

むしろ、学生を終えてからの人生は長く、職場、団体活動、ネットワーク等で新しい様々な出会いがあり、そこから新しい友人ができます。私自身はそういう機会に恵まれませんでしたが、ママ友、PTA仲間だった人と親しい友人になった、近所の方と家族のように付き合うようになったという話もよく聞きます。

私の場合は、むつかしい仕事で苦楽を共にした仲間です。お互いに忙しく、たまにしか連絡を取ることができませんが、強い友情で結ばれた大事な友人です。

大人に必要なのは親友より緩やかな友人

　先日、新聞の人生相談で「表面的な友人はいるが、心から信じ、頼ることのできる〝親友〟がいない」と、50代の女性が悩みを打ち明けていました。大人になっても、こんな悩みを持っている人がいることに驚きつつ、私が友人だと思っている人たちも、この人の定義に従えば「表面的な友人」なのかもしれない、そう思いました。

　自分のすべてを受け止めてくれ、心から信じ、頼らせてくれる関係になるのは、長い時間、一緒に過ごしている家族であってもむつかしいものです。それを友人に期待するのは、ちょっと無理ではないでしょうか。

　いつでも愚痴を聞いて励ましてくれる友人には、自分も相手の悩みや愚痴を聞いてあげなければそういう関係は成立しませんし、長続きしません。すべてを受け止められるほど深く関わり合うのは、なまやさしいことではありません。

　最近はフェイスブックやＬＩＮＥなどで昔の友人や仲間とのつながりを維持できますが、人生のステージが変わると付き合う人は変わらざるを得ません。

　おすすめしたいのは、「親友」を持つよりも、「素敵だな」と一緒にいて思うことができる友人がたくさんいることです。

いつも一緒にいるわけではないけれど一緒にいて楽しい、困った時にちょっと助けを求めたり相談したりできる、緩やかな関係性で結ばれた友人が10人いるほうが、深く結ばれたたった一人の親友がいるよりも人生が豊かになるのではないでしょうか。

そもそも「親友」は探して得られるものではありません。でも、何歳になっても素敵な人との出会い、尊敬できる人との出会い、考え方が面白い人との出会いはあります。でも、その出会いを友人付き合いまで深めるには、タイミングもありますし、相手の事情もあります。

素敵だなと思う異性に出会えたからといって必ずしも恋人になれるわけではないように、友人になれるかどうかも運に左右されるところがあります。だからこそ、自分も相手に素敵だな、尊敬できるなと思われるように振る舞い、はがきやメールを出すなどして交流を深め、相手から声がかかったら時間をやりくりしたり、頼まれたことを誠実に行ったりといった積み重ねをする。

よい友人が欲しかったらまずはあなたがよい友人として行動することです。

4

大切な人との別れもかけがえのないもの

つらいからこそ、成長できる

「この人を失ったら、もう生きていけない」

人生のいろいろなステージで、そんな気持ちになることがあります。

ボーイフレンド、恋人、夫、子ども、友人、親など、人生に深く関わった人との別れは、とても大きな出来事であり、傷や痛みが残ることもあるでしょう。

しかし、その時はどんなに強くそう思っていたとしても、環境が変わり時間が経つにつれ、気持ちは徐々に変わっていくものです。

大事な人が自分の前から去ってしまった時、しばらくの間はその人のことが忘れられず、悲しみに沈み、自分を責め、その相手を奪ったライバルを恨むなどして苦しみ

ますが、いつの間にかヒリヒリした痛みは消え、「絶対忘れない！」などと思い込んでいても、時折その人のことを忘れている時間が生まれます。

食欲がなくなってしまったり、眠れなかったり、あるいは悪夢にうなされたりしていても、生きている限りおなかは減り、気づいたらぐっすり眠っているでしょう。

立派な息子さんを自動車事故で亡くされたAさんは、長い間笑うことを忘れていました。しかし、事故から数年が経ってから、久しぶりにお会いできた際は、「時折、息子のことを忘れて、笑っている自分がいるんです。そのことに初めて気づいた時には、本当に驚きました」と言っておられました。

大事な人との別れはつらく、苦しいものです。心に傷が残ります。でも、この経験を乗り越えた時、自分は生きていけるんだと不思議な自信がつき、人としての強さが身につくのです。

失恋を振り返ることで人間性が磨かれる

失恋や離婚もまた、自分をより輝かせるものをたくさん与えてくれます。

大好きな恋人やパートナーとの別れは、つらくて悲しくて、相手を恨んだり、ほかの人を妬んだりと、苦しい感情にとらわれてしまうこともあるでしょう。

しばらくは仕方のないことです。

でも、時間が経って感情が少し落ち着いたら、自分の何が悪かったのか、どうしてうまくいかなくなってしまったのかを振り返りましょう。そうすることで、またいつか訪れる新しい恋愛で同じ間違いをしなくてすみますし、愛してくれる人への感謝も強くなります。

離婚経験のある男性と結婚した友人に、どうしてその男性と結婚することにしたのか、と聞いたところ、とても寛容なよい人だからと答えました。彼は離婚によって人生の痛みを知り、つらい思いをしたことで、人のやさしさがわかるようになり、寛容な心を持てるように変わったそうです。つまり、彼に離婚という経験があったからこそ、彼女は彼と一緒になった、というわけです。

できることなら、誰もが大好きな人との別れは経験したくないでしょう。

若い頃の私は、目標はやり遂げる、好きな人とは結婚して添い遂げる。そうした人生が「幸せ」なのだと思っていました。

しかし今、70年という時間を積み重ねてきて思うことは、努力したけれどうまくいかなかった、挫折した、好きな人から受け入れてもらえなかったなど、つらい失敗や挫折の経験が、現在の自分をつくっているように感じます。

失敗し、挫折すると、それまで見えていなかった現実が見え、気づかなかった人のやさしさ（時には意地悪さも）に気づきます。

また、あんなにつらかったのに生き延びることができたということは、自分は意外と強いこと、頑張れる力があるという発見にもなります。

私自身、人との別れを経験してきたことによって、心が強くなり、ものの見方が深まったと思っています。

さらに、落ち着いてから振り返ると、一生懸命だった自分がいじらしく、愛おしく感じ、この経験が人生の宝だと思えるようになります。

「別れ」は失うものも多く、つらい経験ですが、得るものも多いのです。

5

嫌いな人とは適度な距離を保つ

■すべての人と仲良くする必要はない

食べ物の好き・嫌いがあるように、人に対しても好き・嫌いはどうしてもあるものです。

たとえば私は、声が高すぎる、しゃべり方が甘ったるい、服装やメイクが派手すぎる、うまいことを言って有力な人に取り入るのがうまい人が苦手です。人の表面に惑わされてはいけないとわかっていても、このタイプの人はあまり好きになれません。

でも、そういう人が好きという人もいます。私の気になるところが気にならず、私が気づいていない、相手のいいところに気がついているのでしょう。

また、私は気が利かない、お世辞が言えない、服装やお化粧にかまわない人には（自分と共通点を感じ）親しみを抱くのですが、そういう人に我慢できない人もいます。まさに蓼《たで》食う虫も好き好きなのです。

小学校では、友人みんなと仲良くしましょうと教わりますし、大人になってからも、どんな人にもよいところがある、人のよいところを見るようにして悪いところには目をつむりましょう、などといったアドバイスもよく聞きます。

ですが、現実的にすべての人と仲良くするのは無理です。むしろ、無理をして、出会う人すべてと仲良くする必要はありません。

だからと言って面と向かって嫌いと言ったり、否定し合ったり、ケンカしたりするのは、大人の振る舞いとは言えません。嫌いな理由を表現する必要はありません。嫌いな人とは、できるだけ接触する機会を減らすようにするのが正解です。

趣味のサークルや活動団体で嫌いな人がいる場合は、無理して所属し続ける必要はありません。といっても、いきなり「やめます」というのは角が立つでしょうから、フェードアウトしつつ、新しいサークルや活動を探しましょう。

時間や気持ちに余力があるなら、両方続けてもよいでしょう。ほかにも行き場があると思うと気持ちに余裕が生まれます。

人生の時間には限りがあるのに、神経をすり減らしてまでそのグループや団体にしがみつき、嫌な気持ちを抱えながら耐え続ける必要はありません。

人間関係や義理などもあるでしょうが、どうしても合わない人からは逃げてよいのです。

ただし、どこに行っても合わない人、嫌な人はいます。好きな人ばかり、いい人ばかりの完璧なメンバーのグループや団体は、世界広しといえどありえません。

そのことだけは、覚えておいてください。

■苦手な人と穏やかな関係を築きたい時は

「逃げましょう」とは言いましたが、職場や学校など、嫌いな人ともうまくやっていかなければならない場もあります。

本来ならお互い尊敬し合って、よい関係を築いていくことができればいいのですが、職場には、必ずと言っていいほど、嫌な同僚や理解してくれない上司がいるのが普通です。

こういう時は、人間的な好き・嫌いをできるだけ持ち込まず、仕事だけに接触を限定する、余計な付き合いや交流はしないなど、ビジネスライクに付き合うのがいちばんです。

とはいえ、上司だから、部下だからやっぱり仲良くしていきたい、せめて穏やかな関係を築きたいと願うなら、先手必勝がカギです。

相手より先に挨拶をする、1週間に3回は相手のよいところを見つけて面と向かって褒める、相手が困っているようなら声をかけて仕事を手伝う、お互いに知っている第三者に相手のことを褒めて伝えるなど、意識的に行動してください。

人は、好意を向けられると嬉しいと感じます（反対に敵意を向けられると、戦闘態勢に入ります）。こちらが努力して歩み寄れば関係がよくなるはずです。

それでも相手が自分のことをなかなか好きになってくれないこともあります。その時は、そういう縁なのだと割り切り、ビジネスライクに付き合いましょう。

どうしても縁を切ることができない人との付き合い方

家族や親戚、配偶者の親や兄弟など、どうしても縁を切ることができない人もいます。その全員と仲良くできればいいですが、苦手意識を抱いてしまうこともあるでしょう。縁が切れないと思うことでますます重荷に感じ、より苦手に感じるかもしれません。

縁が切れないのであれば、ここでもできるだけ接する時間を減らすのがいちばんです。親類なのだから仲良くしなければならない、訪問しなければならない、助け合わねばならないと思えば思うほど、ストレスが強くなり、どんどん相手のことが嫌になってしまいます。親と子でさえ、理解できないことがあります。

必要最低限の接触に留めてしまおうと決心すれば、今以上に嫌になったり、ストレスを過度に溜めなくてすみます。

葬儀や結婚式で顔を合わせても、挨拶さえきちんとすれば、あとは当たり障りない話で逃げましょう。決して、深い話はしないことです。

また、苦手な相手には、普段から儀礼的なお歳暮などといった贈り物はきちんと送り、カードや礼状も礼儀正しく出しておきましょう。

面と向かって話さなくても、日頃礼儀を尽くしていれば、関係が悪化することはありません。

礼儀は距離を置きたい相手から遠ざかる武器にもなるのです。

間違っても悪口を配偶者に言ったり、別の親類に言ったりしないことです。

たとえば、自分が礼儀正しくしているのに、相手が応えてくれないと腹立たしいものですが、そういう時は「私のほうがエライ」と、優位に立っていると思いましょう。

私は「徳なきは憐れむべし」という呪文を唱えることにしています。

自分と同じ悪い感情を抱いている、もしくは悪い感情に共感してくれる味方を求めるのはNGです。必ず悪口は相手に伝わります。

トラブルには皆、巻き込まれたくないと避けますから、味方も現れないでしょう。

6

人間関係の断捨離を急がない

■人間関係を築くのは誰とでもできることではない

「断捨離」という言葉が、ここ数年で日常語として定着しました。

「あり余るものを整理して身軽になりたい」と願う人がそれだけ多いということでしょう。

物の断捨離をすると、不必要な物がなくなってスッキリするうえに、捨てるつらさを体験することで無駄な物を買わなくなるなど、目に見えて効果が表れます。

しかし、人間関係の断捨離はどうでしょうか。

最近、「年賀状終い」が流行っているようです。

私も「今年で年賀状をやめます。長い間ありがとうございます」と書かれた年賀状をいただくことがあります。年賀状を書くのが負担になってきた。でも、いきなりやめるのは失礼ということで、挨拶をくださったのだと思いますが、わざわざ「やめます」宣言をするのはおすすめしません。年賀状を書くのが負担なら、毎年は書かないなど、徐々に全体量を少なくしていけばよいのです。

私には、あちらからいただいてもお出ししていなかったり、お出ししても住所不明で戻ってきたり、こちらからお出ししても返事をいただかない年賀状が毎年1割以上あります。不義理と言われれば、その通りでしょう。しかし、今年は出せなかったけれど翌年には出したり、親しい方にはふとした時にご機嫌うかがいのお手紙やメールをしたりと、細くつながっています。でも、それでよいのではないかと思うのです。

何十億人もの人々が地球上で暮らしている中で、実際に仲良くなれるのはほんの一握り。その中でも、関係が続くのはわずかです。

年齢を重ねていくと、環境が変わり、会う機会が少なくなったり、一緒に行動することがなくなったり、話が合わなくなったりと、いろいろな理由で自然に友人・知人が減っていきます。

その中で年賀状だけでも続いている人、それもとくに関係が悪いわけでもない人は、その人だからここまで人間関係を続けることができているのです。

このご縁をわざわざ声高らかに宣言してきっぱり切る必要はどこにもありません。

■理想的な大人の友人・知人関係「ソフトネットワーク」

縁あって知り合った人は、あなたの大事なソフトネットワークの一員です。アメリカなどでは転職の際、頼りになるのはこうしたソフトネットワークだと言われます。

ソフトネットワークとは、頻繁に会うわけではなく、せいぜい年賀状やクリスマスカードのやりとりをする関係性、現代なら、フェイスブックなどでつながっている程度の淡い付き合いですが、いざとなれば連絡が取れる、ふと仕事や人が必要な際、思い出して紹介したり、ちょっとした頼みごとをしたりすることができる程度の間柄です。

「役に立つ人脈だから大切にしよう」ということではありません。

今はお互いにさほど積極的に付き合う関係ではないとしても、緩やかにつながっていれば、助けてほしい時、反対に手助けができる時が訪れた際、お互いに連絡がつく。これが、理想的な大人の友人・知人関係のあり方です。

意見が対立したり、ひどい仕打ちを受けたり、「もう、付き合いをやめてもいいかな」と思ったりしても、きっぱりと「絶交宣言」をして関係を断ち切ってしまうのではなく、そっとフェードアウトするだけにしましょう。

時間と距離を置いていているうちに、怒りや悔しさも冷めていきます。しばらくして別の機会に会った時にはお互い気持ちが落ち着いていて、穏やかな関係を築くこともできるかもしれません。

「あなたとはもう付き合わない」などと、言葉にしてきっぱり別れてしまっては、そこで終わりです。学生の時と違い、職場が一緒でない限り、会うこともままならないため、関係の再開はほぼ難しいでしょう。

人間関係の断捨離は人生の損失です。きっぱり切るのではなく、そっとしておくことです。

7

褒めてくれる人は大事に

自分のよいところを教えてもらう

自分に自信を持つうえで効果があるのは、あなたの長所を見つけて褒めてくれる心やさしい友人を持つことです。

自分でも気がついていなかったあなたのよいところに気づき、それを具体的に褒めてくれる友人は、かけがえのない存在です。

ピグマリオン効果というものがあります。

人は「あなたは素敵だ、素晴らしい」と言われ続けていると、その期待に応えてその通りになるという現象を指します。

ピグマリオンとは、ギリシャ神話に登場するキプロス王の名前です。彼は、自分が彫らせた彫刻の女性に恋をしたところ、人間になったという伝説があります。

また、ミュージカル「マイ・フェア・レディイ」の原作になったバーナード・ショウの「ピグマリオン」もそうした現象を指しています。ロンドンの下町の下品な言葉を話す花売り娘のイライザが、ヒギンズ教授という名の言語学者と出会い、彼の教育と愛によって魅力的なレディに成長するお話です（オードリー・ヘプバーン主演で映画にもなっているので、ご存じの方も多いかもしれませんね）。

平凡な女性でも「美しい」「素敵だ」「やさしい」と褒め続けられれば、本当に美しく、やさしくなり、言ってくれる人を愛するようになると言われています。

また、自分のよいところを具体的に知ることで、「私にはこういういいところがある」と、自信を持つことができます。

自分の長所は意外と気がつかないものです。

あなたの欠点を気にせず受け入れてくれ、長所に気がついて言葉にしてくれる、ヒギンズ教授のような人とめぐり会えたら、その幸運に感謝して大事にしましょう。

相手のよいところも具体的に伝える

ヒギンズ教授に出会えるかどうかは運次第ですが、あなたが誰かのピグマリオンになり、お互いの関係性を高め合えるものにすることができます。

夫や子ども、友人の、長所や優れたところを見つけ、褒めてあげましょう。

ただし、通り一遍の褒め言葉では、相手の心に届きません。

とくにすでに成功していて自信を持っている人は褒められるのに慣れていますから、誰でもわかることを褒めても相手はうれしくありませんし、感謝されません。

たとえば、誰が見ても美しい人に「美人ですね」と褒めても「(もう聞き飽きたわ)」でおしまいです。「あなたはきれいなだけでなく、思いやりがあるわ。○○をしていたのに感心した」「美人なのにとても努力家ね。△△の資格を取ったなんてすごい」などというように、ふつうの人が見逃すようなこと、あえて口に出さないようなことを言葉にして褒めましょう。

また、一流と言われる大学を出た人に学歴を、成功している人にその肩書を褒めても、さほど喜ばれません。学歴や肩書は、手に入れていない人にとっては魅力あるものですが、すでに手に入れている人にとっては「当たり前」のことだからです。

東大卒業生であっても、優れた人もいれば、あまりぱっとしない人もいます。まさに千差万別です。だからこそ、「東大卒なんですね。すごいですね」ではなく、ほかの人と違うことを見つけて、具体的に褒めてあげましょう。

子どもは徹底して褒めてください。褒めると図に乗ってうぬぼれたり、努力をしなくなったりしてよくないのではないかという考え方は間違っています。

子どもは褒められるとうれしくなり、もっと褒めてほしいと頑張ります。どんどん褒めてあげましょう。

褒める時は、「頭がいいね」「かわいいね」と生まれつきの長所や試験や試合の結果を褒めるのではなく、頑張ったこと、努力したプロセスを褒めるのが効果的と言われています。

普段から相手のいいところに目を向けるように努力すると、相手がまだ気づいていないよいところを見つけることができます。見つけたらどんどん伝えましょう。

親ができることは、子どものよさに気づいてあげることです。

8

大人の親子関係は自立から

大人同士の親子関係を築くために親がすべきこと

思う人に思われないのは恋愛の場だけではありません。

いちばん典型的なのは親と子の関係です。

親は子どもに対して元気に育ってほしい、幸せな人生を送ってほしいと願い、日々おいしいものを食べさせよう、好きな所に連れ出して喜ばせよう、などと愛情をいっぱい注いで育てます。成長してからも健康に暮らしているか、仕事はうまくいっているか、配偶者とうまくいっているかなど、常に気にかけています。

ところが多くの場合、子どもに親の想い、愛情は伝わっていません。むしろ、与えられるのが当然ぐらいにしか思っていないかもしれません。

最近、親子関係がうまくいっていない家庭が増えていると聞きます。

ほかの兄弟と差別された、親から虐待を受けた、ネグレクトされたなど、深刻な虐待も増えていますが、多くは親に愛情を押しつけられたり、干渉されたりしたことによるものです。

とくに母親が、自分が達成できなかった夢を実現させようとしたり、父親への不満をぶつけたり、子どもの進学や就職に期待しすぎたりなどして追い詰め、子どもが逃げ出したくなるのも仕方ないと思わざるをえないケースも見られます。

一方で、子どもに愛情が伝わっているかがわからず不安なため、行きすぎた愛情表現になってしまっていたり、自分の愛情に応えてほしいと期待したりする親も少なくないのではないかと、私は考えています。

日本がまだまだ豊かでなかった時代は、子どもの数も多く、母親が忙しさのあまり一人ひとりの子どもにかかりきりになれないうえに、お金も十分かけることができませんでした。それにもかかわらず、その時代のほうが、親に感謝し、思いやりを持つ子が多かったというのは不思議なことですが、親も子に過大な期待をしなかったのがよかったのかもしれません。

　親の愛情を受け止め、感謝の気持ちを抱くには、子どもが成長し、人間的に大人にならなければならないのですが、いつまでも親に甘やかされているとなかなか成長できません。

　漫画家の西原《さいばら》理恵子さんは、子どもが16歳、あるいは大学生になったら母親業は卒業しよう、卒母《そつはは》宣言をしようと言っていますが、ある程度の年齢になったら（私は10歳くらいがよいと思っていますが）、親はいったん子どもから手をひき、自立させる必要があります。

　子どもは未熟な存在だから自分が保護しなければいけない、守らなければならないなどと思っていると、いつまでも自立できません。そのうえ、他人に無頓着になり、相手の気持ちを理解する力も弱まり、親と大人の関係を築くこともままなりません。

　子どもとの関係がうまくいっていない、もしくは小さな頃からずっと変わらない状態なのであれば、親子のあり方を冷静に見直してみましょう。

　学校の仕度は自分でさせる。忘れ物をしてしまい、子どもが困っていてもあえて目をつむり自分で解決させる。家の中で、子どもが責任を持って行う仕事を決める。自分の部屋の掃除だけでなく、家族のための仕事、たとえばお風呂の掃除やゴミ出しなどを継続的にさせることも、一つです。

「また、ちらかした」「何度言ったらわかるの！　こぼしちゃダメでしょ」などが口癖になってしまっていると、子どもによい影響を与えません。

とくに「また」とか「何度言ったらわかるの」など、子どもの人格を責めるような口癖は、すぐにやめましょう。

大人同士の親子関係を築くために子どもがすべきこと

「親が社会的に成功していれば自分も幸せになれたのに」「資産のある親なら何かと有利だけど、しょうがない」「親の職業が恥ずかしい（誇れない）」「親の容姿が恥ずかしい」「もう少し堂々と振る舞ってほしい」などと思ったことはないでしょうか。

一生懸命生きて自分を産み、育ててくれた親に、大人になった今も感謝できないのは、自分の顔が気に入らない、スタイルが嫌だ、自分は頭が悪いと、自己否定しているのと同じです。いくら尊敬できないから、気に入らないからと批判しても、親も自分の顔も取り換えることはできないのですから、ありのまま受け止めるほかないのです。

親のことを尊敬しろ、好きになれと言っているわけではありません。

親に対して、少しだけ感謝の思いを持とう、と言っているのです。

人は、一人で生まれることも、生きていくこともできません。

親がいて、さらにその親（祖父母）がいて、その先祖が戦争や飢饉《ききん》など、様々な厳しい状況を生き抜いて命のバトンをつないでくれたから、あなたは生を受けたのです。そして今、あなたもファミリーの命のバトンを受け取り、次の世代につなぐべく走っている最中です。自分に命のバトンを渡してくれた親の苦労を少し想像してみましょう。

仕事で成功するよりも、お金持ちになるよりも、自分の人生をしっかり生きる。そして、次の世代につなぐ。これが人生のいちばん基本的な役割です。その役割を意識することで、世界が広がり、人生が少し楽になります。親との関係も少し軽くなるのではないでしょうか。

9

親類は神様がくださった宝

■年上の応援団の存在を忘れるのはもったいない

先日、姪が久しぶりに連絡してきてくれました。

あんなに小さかった子がこんなに大きくなったのかと、成長ぶりに感動し、頼まれごともできる範囲とはいえ聞いてあげたいと思い、楽しく話しているうちに、私もいろいろなことに気がつきました。

こうした親類関係は、少し前までは当たり前に見受けられましたが、最近、すっかり少なくなっています。

私が子どもの頃、とくに祖母が生きていた頃は、お嫁に出た父の姉妹のおばさんたちが子どもを連れてよく遊びに来ていましたし、私が東京の大学に進学した時には、東京でただ一人の親類だった叔母の家に泊めてもらいました。

しかし今では、親族が顔をそろえるのは結婚式やお葬式だけ。いとこなど、遠縁の親戚になると、それぞれどんな仕事をしているかすら知りません。親類同士が集まる場自体が少なくなっているため、「去る者は日々に疎《うと》し」で、関係がどんどん薄くなってしまっています。

ボストンで生活しているユダヤ系アメリカ人の友人は、「親類は神様がくださった宝」と言っています。親類は苦しい時には助けてくれるいちばん信頼できる存在だというわけです。彼女に、日本では親類付き合いが面倒で煩《わずら》わしいと考える人が増えており、とくに都市部では親類付き合いが廃れていると伝えたところ、「信じられない」と目を丸くしていました。

ユダヤ系や中国系の人々は、アメリカやカナダ、オーストラリアなど、母国以外の地にいても、親類が子どもの堅信礼《けんしんれい》（12、13歳頃のユダヤ教徒として認められる秘儀）や進学、卒業など、何かあるたびに集まり、普段から一緒に食事を共にして交流しています（最近は、昔と違ってホームパーティーでなく、レストランで集まる例も増えているそうです)。

彼らは「国や会社より、親類や友人のほうが、いざという時に頼りになる」と信じています。過酷な歴史の中で迫害されたり敵視されたりしながら、助け合い、苦しい状況を乗り切ってきた歴史を持っており、身内をとても大事にします。

そのため、幼い頃は年長の親類にかわいがってもらったり、社会のマナーやしくみを教えてもらったり、アドバイスを受けたりして育ちますし、大人になっても、就職や転職の世話、得意先を紹介するなど、助け合うのが当たり前です。

たくさんの信頼できる大人が支援してくれれば、どんな職業でも一人でゼロから始めるのに比べ有利なのは間違いないでしょう。

いちばん信頼できる存在

日本のように平和に安定した暮らしをしていると、親類の助けを必要とする危機的な状況はほとんどないかもしれません。しかし、平和な世界であっても交流し、助け合うことによって、人間について学ぶことができ、豊かに生きる役に立ちます。

近年、日本の若者の自己肯定感が低いことが問題視されています。

いくつもの要因があるのですが、その原因の一つに、幼い時から愛情を持って成長を見守ってくれていた大人との交流が薄くなっていることもあるのではないかと考えています。

昔であれば、それこそ祖父母、おじやおばなどにかわいがられ、愛情を受ける機会も多くありました。親だけでなく、近所のおじさん、おばさんなど様々な人が子どもに関わり、話を聞いてくれたり、励ましてくれたり、叱ってくれたりなど、世代を超えて受け入れてくれる大人がいました。

祖父や祖母、おじやおばといった親類、さらに昔の担任、部活のコーチ、塾の先生など、子どもの頃から縁のある大人は、あなたのよき応援団。助けを求めたら支えてくれるはずです。その存在を忘れてしまうのは、とてももったいないことです。

親類に限らず、年が離れている大人と交流すると面白くてためになります。

まずはご無沙汰しているおじさんやおばさん、恩師にはがきや年賀状を出してみる、お菓子を持って訪ねてみることから始めましょう。

10 孤独もまたよし

人はいつだって一人

人間は深いところでは孤独で一人ぼっち。

これは、厳然たる事実です。

人との関係を大事にすることはとても大切ですが、それ以上に、自分との付き合い方は丁寧に大事に行わねばならないのに、つい、ないがしろにしがちです。

人生が長くなり、生き方の選択肢が増えてきました。

一生独身をとおす人、結婚したものの離婚を選ぶ人、結婚相手と死別したあと、子どもや子どもの家族と一緒に暮らし続ける人もいれば、一人で暮らしている人、一人になるのは怖いから気が合わなくなった夫と我慢して暮らしている、施設やシェアハ

ウスで暮らす人もいるでしょう。

どの生き方を選択しても、人は皆、最後は一人で死んでいきます。

死がいつ訪れるかは誰にもわかりません。だからこそ、孤独を恐れず受け止める覚悟は年齢にかかわらず誰にも必要です。

しかし、多くの人が孤独から目をそむけています。

「一人」を意識することが怖くて不安だからです。

家族や友人と一緒にいると、なんとなく充実した時間を過ごせているように思いますし、声がかかると好かれているような気がして安心するという理由で、どんどん約束を入れてしまいます。

一方、友人から声がかからなかったり、メールが来なかったりする日が続くと、自分は嫌われているのではないかと思ったり、誰も気にかけてくれない、孤独だなと寂しさを感じたりするかもしれません。

一人で過ごす時間が寂しいからと、それほど好きでない人であっても声がかかるとうれしく、楽しくないことでもスケジュールが埋まっていると「充実している」とホッとする。モテているとうれしいが、モテないと落ち込んでしまう。

自分以外の人に依存して生きるのは、とても不自由です。

自分の好きなこと、したいことは二の次にしてでも、寂しさから逃れるために、いろいろな人から声をかけてもらえるようにいい人でいるのは本末転倒です。いい女性《ひと》でなければならない、いい母親にならなくてはいけない、いい妻でなければならない、いい社員でなければならないなどと自分で自分を縛り、社会の基準や相手の意向に合わせてばかりいるとあなたの心は疲れるばかりです。自分が自分のいちばんの味方でなくてはならないのに、いちばん無理をさせているのです。

自分の人生を楽しむ

一人でいることを恐れない、一人の時間を楽しめる、つまり、孤独を受け入れられるようになると、暇つぶしのために付き合う必要がなくなり、人の意向を付度することから解放されます。

孤独を受け入れるには、自分と向き合うことです。その手段として、瞑想、座禅、マインドフルネスなどで自分を発見する時間を持ち、それによって不安や迷い、怒り、恐怖などといった自分を振り回す様々な感情から心を解き放つのも、一つの対処法です。

自分一人の時間を愛《いと》おしみ、楽しむことができたら、他人の感情や評価に振り回されない、他人との関係で自分の価値を測ろうとしなくなります。自分が自分の人生の主になり、人生の次のステージに踏み出していけるでしょう。

家族も期限付きの関係

家族がいるから孤独にはならないという人も少なくありません。

家族と一緒にいる時間は大事ですが、家族は期限付きの関係だということを覚悟しておきましょう。そう思えば、今、一緒に生活している時間を大事にしようという気持ちになります。

今は家族のため、とりわけ子どものために時間を費やし、一人になる時間なんてないという人も、いつかは子どもも自分の世界を持ち、自分なりの経験を積み、自分の友人や恋人を持ち、彼らとの付き合いを中心に動くようになり、いやおうなく母親も自分一人の時間ができるようになります。

子どもが中学生になり高校生になり大人になっていく成長に合わせて、子どもの都合より、自分の都合を優先するよう徐々にギアチェンジしていく必要があります。

それができないでいつまでも子どもにしがみついていると、子どもにとって親は重荷になってしまいます。


家族だけではありません。

仕事や組織も期限付きの関係です。組織に雇われる期間が何年であっても、自分でつくった会社であっても自分でピリオドを打って、後継者に伝えていかなければなりません。

最後は自分一人。

優先順位をつけて行動しましょう。

みんなと一緒でない、一人で行動をする時間を週に1日ぐらいは持ちましょう。

気の進まないことに誘われたら「ごめんなさい、予定があるの」と断ってかまいません。こうした嘘は「潤滑油」として許されます。

ほかにすることもないから、とくに予定がないから付き合うかなどと言っていると、どんどん自分の時間がなくなっていきます。

「自分らしく」生きるために、孤独を楽しむ力をつけましょう。

第3章

何もしないことこそが最大の失敗

1

選ばなかった道の先は考えても仕方がない

■人生は選択の積み重ね

先日、〝ＬＩＦＥ（人生）〟という単語の中には〝ＩＦ（もしも）〟があると聞き、感心しました。

人生は選択の連続であり、その積み重ねです。もしも別の選択をしていたら別の人生がある。そのことをとてもうまく表していると思ったからです。

誰しも「あの時こうしていれば」「あの会社に入っていれば」「あの人と結婚していれば」などと思うことがあるのではないでしょうか。

あの時、別の道を選んでいたら、今は別の人生を歩んでいたはずです。

人生には、進学、就職、結婚など節目節目に選択すべき時が訪れます。あなたもその都度迷いながら、選択しない、も含めて選択をしてきたはずです。

私も一つひとつ選択をしながら、これまで進んできました。

「こちらにしてよかった」という選択もあれば、失敗した選択もあるでしょう。

失敗すると、つい、他人のせいにしたくなります。上司に勧められたから、親がこうしろと言ったから、子どもによかれと思って、理由はそれぞれあるでしょうが、忘れてはいけないのは、最終的に判断し、選んだのは自分だということです。


たとえば、今、あなたは、この本を読んでいます。

本屋さんでこの本と出会ったのか、誰かに勧められて読んでいるのか、それとも、誰かから「読みなさい」と指示されたのか、どんな理由であったとしても、最終的に「この本を読む」という選択をしたのは、他人ではなくあなた自身です。

「読まない」という選択をすることも、あなたにはできたのです。この本があなたに少しでもプラスになれば「よい選択」をしたことになりますし、何も得ることがなかったら選択の失敗です（著者としては、本書を読んでくださったことに、どれだけ感謝しても足りません）。

今起きていることは全部自分が選んだこと

自己責任というと冷たく突き放しているように思われるかもしれませんが、自分の選択に責任を持つのは大人として必要な考え方です。

何よりまずいのは、「あの人のせいでこうなった」「私は運が悪かった」などと思っていると、人の言うことが信じられなくなってしまうこと。そして、何をするにも「自分は運が悪いからうまくいくはずがない」「どうせ、また失敗するだろう」とあきらめて何もしたくないなどと、消極的になってしまうことです。こんな気持ちでは、自分が輝くことはできません。

思ったような結果が出ていなくても、自分の選択が１００パーセント間違っていることなどありません。いいこともあったはずです。だったら、そのいいことをいかに増やしていくか。40、50、60パーセント……と自分の選択をよいものにしていく、いいところに気がつくように努めましょう。

どんな選択にも、必ず得難い経験があり、賢くなる要素があります。

その要素を活かすには、まず、選んだ以上はどんな結果になっても「自分の運命を引き受けよう」と気持ちを切り替えることです。

優れた宗教者は、理不尽な運命に見舞われた人に対し、「これは神から与えられた試練だ。あなたは試練を受け止める力のある人だから、必ず乗り越えることができる」と励まします。

人を恨むより、今ここでどう生きればよいか、これからどうすればよいか、前向きに考えよということです。


以前、志望していた学校に落ちてしまい、第3志望校であった昭和女子大学に入学することにしたという学生たちに、大学生活はどうかを聞いてみました。

すると、「よい先生に出会えた」「クラスでリーダーシップをとることができた」「自分の居場所となるクラブ活動にめぐり合った」など、しっかり大学生活を楽しみ、成長していました。

なかには、「第1志望の大学に行った友人より、ここでいろいろな経験をし、成長できた。充実した4年間を過ごして卒業します」と言ってくれた学生もいて、とてもうれしく思ったものです。

20世紀アメリカ最大の詩人の一人であり、ピューリッツァー賞を4度受賞した、ロバート・フロストの作品に「選ばなかった道(原題 THE ROAD NOT TAKEN)」という詩があります（次ページ参照）。

選ばなかった道の先には、いったい何があったのか、つい想像したくなります。しかし、日々、あちらを選択していればよかった、こうしていればよかったという後ろ向きの後悔を繰り返していると、人生は後悔の連続になってしまいます。

どの選択も「自分で選んだのだ」「これでよかったのだ」と考えるよう努めましょう。過去の選択の結果をどうしても受け入れられない、どうしても気になるのなら、もう一度、作戦を練り直し、チャレンジしてみましょう。

選ばなかった道（原題：THE ROAD NOT TAKEN）

Robert Frost

黄葉の森の中で　道が二つに分かれていた
二つ道を行くことはできなかった
長い間立ち止まって
私は一方の道を眺めていた
下生えの中　曲がっている道を
どこまでか遠くまで続く道を

それからもう一方の道を眺めた
同じくらい美しかった
こちらのほうが私の心を捉えた
なぜならそれは草に覆われ踏みならされていない道だった
からだ
私がそこを通れば踏まれて道になるわけだけど

二つの道は　同じ様に私の前に横たわっていた
誰の足跡もないままに
どんなに考えても
もう同じ場所には戻って来ないだろうことも知っていた

溜め息とともに　これだけは言える
遠い遠い未来のどこかで
森の中　道は二手に分かれている
そして私は
そして私は　他の人々が選ばない道を選んできたのだ
そのことが　どれだけ大きく私の人生を変えたことかと

著者 訳

2

いつも運のよい人、いつも運の悪い人はいない

失敗も成功もずっと続くわけではない

幸せな人生とは、順風満帆、大きな失敗をしない人生だと思いがちです。

一度失敗してしまったら終わり。後は転落していくだけ。

そんなふうに恐れている人もいます。

私も若い頃は、「失敗するのは能力がない証拠、失敗したら負け犬となってみじめな人生を生きることになる」と考えていました。だから高校、大学受験の時も「失敗はしてはいけない」と合格を目指して勉強し、公務員試験も失敗しないよう努力しました。

しかし、歳を重ねながら様々な経験をするうちに、人生は、能力や努力が正当に報

われるわけではないこと、成功か失敗かは紙一重、どれだけ能力があっても準備をしていてもうまくいかない時もあれば、努力や苦労をあまりしていないにもかかわらず、人に助けてもらったり、タイミングがよかったりして、うまくいく時もあるという経験もしてきました。

学力を問う入試にしても、どれだけ勉強しても、たまたま得意な分野が出題されたか、当日の体調がどうだったかなどに左右されます。

選挙や投資では、それこそ運がモノを言う場面も多く、21世紀の今日でも占いやおまじないに頼る政治家や投資家も少なくありません。

成功し続けるのはむつかしく、日々、何かしらの失敗や成功が起こります。それを、どう乗り越え、活用するかで、人生は変わります。

いつもいつも運のよい人、反対に、いつもいつも運の悪い人はめったにいません。一時的に成功しても、それが幸せな人生に結びつくわけではないのです。

たとえば、志望校に入学できたからといって幸せになれると考えるのは大間違いです。同級生がみんな優秀で勉強についていけず、自信を失い、落ちこぼれてしまうことだってあります。運よく有名な大企業に就職できたとしても、そこには日本全国、さらには海外から優秀な人が集まっているわけですから、競争が激しく、なかなかチャンスが巡ってこない、なんてこともあります。

反対に、失敗しても、それで終わりということはありません。

私には二人の娘がいます。

長女が中学受験をした時、私は下の娘が小さいうえに仕事も何かと忙しく、あまりかまってあげられませんでした。正直に言うと、私も夫も東大出身でしたし、子どもの頃、親から「勉強しなさい」などと言われたことも塾に行った記憶もなかったので、「なんとかなるだろう」とタカをくくっていたのですが、結果、長女は受験に失敗。東大進学もできませんでしたが、今では自分で選んだ専門職に就き、2人の子どもを持つワーキングマザーになっています。

中学受験の失敗はありましたが、それであきらめず彼女は彼女なりの道を進んだことで充実した日々、人生を手に入れることができたのです。

何が次のチャンスになるかわからない

「人間万事塞翁《さいおう》が馬」という中国のことわざがあります。

飼っていた馬に逃げられて運が悪いと思っていたら、その馬が別の馬を連れて帰ってきた。馬が増えたと喜んでいたら、その馬に乗った息子が落馬してケガをし、後遺症が残ってしまった。悲しんでいたら、後遺症があるために息子は戦争に徴兵されずにすみ、平和に暮らすことができた。

このことわざの教訓は、日々の出来事に、有頂天になったり、落ち込んだりせず、心の安定を失わないでしっかり生きろということでしょう。

悪い上司にいじめられたから忍耐強くなった、病気で苦しんだから思いやり深くなった、障碍《しょうがい》を持っているから粘り強く頑張れるなど、どんなことが成長の糧になるか、チャンスになるかしれません。

私の友人である日本マクドナルドの社長サラ・カサノバさんは、ハンバーガーに賞味期限切れの肉を使っていた、異物混入があったという不祥事で業績が落ち込んでいた時に社長になりました。彼女は、「Never waste a good crisis.（せっかくの危機を無駄にするな）」と社員を励まし、見事に業績を回復させました。さらに、危機だからこそチャレンジができると、店舗のリニューアル、新しいメニューの提供を進めたり、社員たちが元気にダンスをしているCMをつくったりと、様々なことを手がけていったのです。

結果として、マクドナルドには、新しいファンができ、業績アップにつながりました。危機は貴重な機会、失敗は人生を豊かにし、多くを学ぶ機会をくれ、あなたを成長させるのです。

「おあたえさま」の精神で失敗を受け止める

世の中には「こうすれば必ず成功する」という必勝法を教える本もたくさんありますが、そうした本をいくら読んでも成功は約束されません。そんな本を読むより失敗してもくじけない、あきらめない心の持ち方を学ぶほうがよほど有効です。

苦しい体験をしても「神様は自分の力以上の試練は課さない」「神様は自分にこの試練に耐える力があると思って私を試しておられるのだ」と、キリスト教の信者の方がおっしゃるのを聞いたことがあります。

私の母は浄土真宗の信者でしたが、苦しい時には「これもおあたえさま」と言って、難局に立ち向かっていました。理不尽な運命に出会った時は、これは自分が悪いからではなく、大きな存在（神様や仏様）のお計らいなのだと受け止めよ、という意味です。そう思うことで、少し気持ちが和みます。

たまたま多くの男女の中から自分の親たちが出会い、たまたま生を受けた自分が、何か大いなるものの意思の下で生かされていると考えると敬虔《けいけん》な気持ちになります。

それぞれニュアンスは違いますが、変動する世界で生きるうえでとても大切な教えです。特定の宗教を信じていない私ですが、優れた宗教は見習うべき心の持ち方、考え方を示しています。

あきらめなければ、いつか必ず成功します。

その成功は、当初抱いていたイメージとは違う形かもしれません。それでもあなたが、あきらめず努力したからこそ、得ることができるのです。

3

失敗は忘れてしまえばいい

失敗を恐れていては前に進めない

「失敗しないためにはどうすればいいか」と質問を受けることがよくあります。

総長を務めている昭和女子大学の学生たちに、私は「失敗をしない秘訣は何もしないこと」だと話しています。

失恋しないためには恋愛しない、落第しないためには受験しない、倒産しないためには起業しないのがいちばんだと。

何か行動を起こすと、必ず失敗するリスクがついて回ります。

反対に、何もしなければ、絶対何も失敗しません。

でも、それでは生きている甲斐がないではありませんか。

失敗を恐れて行動をしない。そのことが、最大の失敗です。

成功はチャレンジの先にしかありません。たとえ無謀だったとしても、チャレンジしたことには、必ず学ぶところがあります。先ほどお話しした〝Fail fast〟（早く失敗しろ）です。

失敗しても、失敗の原因から次の施策を学べたり、自分を知れたり、新しい出会いや可能性が拓けることもあります。

それにより自信がつき、力が湧き、さらに高い目標に挑む機会も拓けてきます。

失敗によって失うものなどなく、むしろ、失敗から得るものがたくさんあります。

やってみたいことはあるものの、収入、家族、友人を失いたくないからやらないという女性がたくさんいます。

やってみた結果、失敗したとしても、今の日本であれば、人手が足りない別の仕事に就けるでしょうし、家族なら、これまでだってあなたの失敗を見てきているはずですから、しょうがないと受け入れてくれるでしょう。また、あなたが失敗したからといって離れていく友人は、本当の友人ではありません。むしろ、失敗することで本当の友人がわかります。〝Never waste a good crisis.〟です。

失敗を宣伝しない

一方で、失敗は宣伝するものではありません。

アメリカでは、なぜ女性より男性のほうが成功するのか、という研究が多数行われており、要因の一つとして、「失敗への対処の仕方」の違いがあげられています。

女性はよく、自分がミスをした時、自ら周りの人にミスしたことを告白し、慰めあったり、同情しあったりします。

「たいしたことないわよ」「あなたでもそんな失敗をするのね」と慰めあうことで心が癒されるからです。

一般的に、人は他人の失敗には寛容です。さらに女性の場合、失敗を率直に話す人は愛すべき人として好感をもたれるという傾向があります（ちなみに成功する男性が自分の失敗を語るのは、自分の中でしっかり消化して立ち直った後、ジョークとして使う時だけだそうです）。

気持ちはわかりますが、とくに仕事については、ミスについて触れ回る必要はありません。あなたの能力の低さを明確にし、評価を下げるからです。

もちろん、失敗をして迷惑をかけた相手にはしっかり謝り、失敗を振り返って善後策を講じ、所属長に報告するなどの対応はしなければいけませんが、関係のない人に失敗を触れ回って自らの価値を落とすことに意味はありません。

また、失敗を口にするたびに、自分で自分の意識に失敗を刻み込むことになってしまいます。話すのは、事態が落ち着いて自分で「いい経験」だったと消化できた時です。それまでは、そっとしておきましょう。

成功している人は、自分のミスについてあまり人に話しません。失敗を隠しているのではなく、失敗からの学びさえ身につけたら、失敗自体は忘れてしまうからです。

いつまでも失敗した自分にくよくよ悩み、失敗によって失ったものに未練を募らせ、引きずっていては、前に進めません。自分を励ましながら、失敗にとらわれることなく前に進みましょう。

4

苦労して成し遂げた仕事は財産

■仕事は自分の成長を確認できるもの

「他人と過去は変えられない、自分と未来は変えられる」という言葉があります。

エリック・バーンというカナダの精神科医の言葉で、当たり前の事実ですが、忘れがちな真理です。

人は一人ひとり違います。

他人はあなたとは違った価値観を持ち、違う考え方をしますし、あなたが期待するようには行動してくれません。血のつながった子どもや家族であっても同じです。

また、こちらがよかれと思ってしてあげたことに対しても感謝されなかったり、誤解されたり、反発されたりすることもめずらしくありません。

そんな時、「どうして、こちらの好意に対してそんな態度に出るんだ」「どうしてわかってくれないいんだ」などと落ち込んだり、イライラしたりすることもあるでしょう。

こういう場合は、「他人と過去は変えられない。それが当たり前なのだ」と思えば、落ち込みは少なくてすみます。

たまたま好意的に受け止めてくださったなら、それは普通のことではなく「ありがたい」ことです。


一方、仕事は人間関係よりも単純で、結果もわかりやすく表れます。

私は大学を卒業してからずっと仕事を続けてきました。

私の世代では女性にはめずらしい生き方でしたし、つらいことも、悔しいことも多々ありましたが、今、あらためて自分の人生を振り返ると、仕事を続けてきてよかったと心の底から思います。

いちばんよかったのは、やればやるほど、それなりの成果が出ることです。

一つひとつの作業は面倒で、手間がかかり、カッコいいとは決して言えない、地味な作業の積み重ねです。それでも（時の運、上司や部下の力量などに左右されるところはあるにしても）、結果が出て、成功した時は大きな喜びがあります。

仕事を続けているといつの間にか「暗黙知」ともいうべき仕事のこなし方、処理方法がわかってくるようになります。自分らしい仕事の仕方を見つけ、初めての環境で、初めての仕事をする時も、なんとかこなせるようになります。職業人として成長していることを日々感じて、少しずつ自信がついてきます。

何もしなければ苦しい状況も抜けられない

さらに、悲しい時、悔しい時、情けなくて何もしたくない気分で落ち込んでいる時にしなければならない仕事があるのは、大きな救いになります。

やらなければならない目の前の仕事を片づけなければと取り組んでいるうちに、悲しさや悔しさが薄れていくのを、私も何度も経験してきました。やらなければならない仕事がないと、自分の感情におぼれてしまい、いつまでもぐるぐる同じことを悩み、どろどろした気持ちから抜け出せず、くよくよ思い悩むことになりがちです。やらねばならない仕事があったから、落ち込みすぎず、気持ちを切り替え、少しずつでも前に進むことができたと今では感謝しています。

日常生活にメリハリをつけるのにも仕事は役に立ちます。朝起きたらしなければならないことがある、行かなければならないところがあるというのは生活にリズムとけじめをつけてくれます（職を離れたらとくに必要です）。

仕事は頑張った分、何かしらリターンがあります。成功、失敗も明確に見えるため厳しいこともありますが、レベルアップしている自分を感じることができます。

地位が上がった、収入が増えたというだけでなく「仕事が自分を成長させた」「仕事によって救われた」ことが仕事の最大の報酬といえるでしょう。

仕事で得られる有形資産と無形資産

人生で得られる資産には、「有形資産」と「無形資産」があります。

「有形資産」とは、お金や株や土地住宅などの見える資産、「無形資産」とは、健康、家族関係、人間関係、人生に取り組む姿勢などといった、見えない資産のことです。

有形資産は目に見えるので測定できますが、人を幸福にし、充実させるのは無形資産です。その大小は明確に見えません。

仕事でも様々な資産が得られます。

仕事の「有形資産」は地位や昇進・昇給などお金や実績、「無形資産」は人間関係、スキルや能力などでしょう。

アメリカの人のレジメ（履歴書）を見ていると、自分はこういう企業で働いた、こういうポストに就いたという経歴だけでなく、どういう仕事に関わった、どういう部分を担当した、どれだけの予算を動かしたなど、こと細かに書いてあります。

日本では、チームの一員として携わった仕事を「自分がやった」と強調するのははしたないと考え、自分の実績としてあまりアピールしませんが、どういう関わり方であれ、「いい仕事」をした実績は大きな自信の源となります。

また仕事は、理解者・協力者を得る最良の方法です。

「いい仕事」はいい人脈を育んでくれます。

仕事を通じていろいろな人と出会えます。苦労して仕事に取り組んでいると苦楽をともにした仲間との絆が深まりますし、苦労を評価してくれる人やメンター、よい工夫や表現をしていれば、それを認めてくれる人と出会えます。

さらに、長い目で見るとコツコツと仕事を続けてきたことが、自分の最大の信用状になっています。「あの人は地味な仕事を○年もやり続けた人」と信頼されます。

自分の手で苦労して成し遂げた仕事こそが、最後までついてくる財産です。背番号のように自分の目では見ることができませんが、他人にははっきり見えます。それが、あなたの評価になっていきます。

仕事は、努力に比例して、財産、結果（喜び）、力（スキル）、自信、評価実績を与えてくれます。

苦労しない楽な仕事は何も与えてくれません。

長い人生で仕事は重要な存在です。

仕事に注力することで、あなたの人生はより深く、より広がっていきます。

5

年齢はできない理由にはならない

■人生の残りはたっぷりある

「新しいことに挑戦しましょう。人生100年時代。残り時間はたっぷりあるのですから」

このようにお伝えすると、多くの人が「今さら新しいことはできない」「私には無理」「事情があってできない」と尻込みします。

それには、大きく二つの障害があるからです。

一つは、自分自身の問題です。

たとえば、年齢と共に身体能力も知能も衰えてきている。だからもう、新しいことはできないのではないか、「さほど丈夫ではないので健康が心配だ」など、不安や自信のなさからくるケースです。何か始めたいとは思うけれど、途中で病気になってしまうと周囲に迷惑をかけてしまうから、ということもよく聞きます。

実際は、健康も衰えていない、まだ50、60代、時には40代なのに、自分はもう、新しいことを始めるほど若くないと勝手に決め込んでしまっている人がとても多いのです。自分で自分を見放し、自分を低く評価しているのです。

もう一つは、他者（環境）の問題です。

たとえば「親の介護が必要になるかもしれない」「子どもの受験が終わるまではほかのことはできない」「夫や知人たちが反対するかもしれない」など、まだ起こっていない事態を悪いほうに想像し、できないと思ってしまうケースです。

たしかに家族の介護によって大変な状況に追い込まれたり、子どもの受験で時間をとられたりして、自分のしたいことができなくなる可能性はあるでしょう。

でも、状況も人の考えも常に変わります。

70代後半の親御さんが「介護が必要になるかもしれない」と言って、子どもが独立してからも、仕事に就かなかった女性がいます。しかし、親御さんはそれから15年以上お元気で、介護が必要になったのは90歳を超えてからでした。

心配していたことが起こらなかったり、反対に、心配していなかった事態に巻き込まれ、あたふたすることもあるのが人生です。

他人の都合にばかり合わせていると、いつまで経っても自分のしたいことは後回しになってしまい、タイミングを逃すばかりです。

他人の都合に振り回されないために、自分なりの優先順位を持ち、他人の都合とどう折り合いをつけるかを考えることです。

先のことはわからない

最近、学生たちが就職先を考える際、残業はあるか、有給休暇はとれるか、育児休業は整っているかを重視する傾向にあります。

育児と仕事との両立は難しいのではないかと心配して、自分を成長させてくれる仕事や好きな仕事より、負担の軽そうな仕事、子育てと両立できそうな仕事を選ぼうとするのです。

将来、子どもが生まれるかどうか、結婚するかどうかはまだわかりません。結婚を約束した恋人やボーイフレンドがいるわけでもないのに、さらには結婚しても子どもに恵まれるかどうかもわからない時から子どもが生まれた時のことを考え、自分の可能性を狭くしてしまうのはとても残念なことです。

本人としては、賢い選択だと思っているのかもしれませんが、私からすると、それは単に全力で挑戦しないことの言い訳にしか見えません。

まだ起こっていない未来を、自分が今、踏み出さない言い訳にするのはやめましょう。

私も母が80代半ばに心臓を患ったので、寝たきりになったらどうしよう、海外へ行く仕事は断ったほうがよいのではないかと悩みましたが、現実には、私が帰任するまで持ちこたえてくれたうえに、その後、体調を崩して3日間入院しただけで逝ってしまいました。

現実に起こるかどうかもわからない未来を心配するより、いざその時が来たら全力で取り組めばなんとかなるさという「楽観的ないい加減さ」を持ちましょう。

何かが起きたとしても、直面した時に考えればいいのです。その時のあなたは、今よりもっと知恵も実力もついていています。なんとかなるものです。

私自身、まだ一人前とは言えない26歳の時に長女を出産しました。今から考えると無謀だったなと思いますが、睡眠時間は半減、毎日バタバタ時間に追われながら、必死で子育てをしていました。

それでもどうにか乗り越えられたのは、「火事場のバカ力」という言葉がありますが、いざとなると自分でも知らなかった意外な力が湧き出てきたこと、地獄で仏に出会うように手を差し伸べてくれる人が現れたり、母が東京へ出てきてくれたりと、いろいろな人に助けられてきたからでした。

予定通り、計画通りにいったわけではありません。想定しなかったことに夢中で取り組んできた結果として今がある、それだけです。

「今からでは遅すぎる、もう少し若かったら、できたかもしれないけれど」、と言っている人は5年前にも同じことを思っていたはずです。そして、きっと5年後には「あの時始めていればよかったけれど今度こそもう遅い」と言うでしょう。
まだ起こっていない未来の最悪な事態を慮《おもんぱか》りそれに備えていては何もできません。
今できること、今ならできることに取り組みましょう。

6 叱られ上手は人生が豊かになる

叱ってくれる人は貴重な存在

最近、叱ることができない人が増えているといいます。

失敗したり、悪いことをしたりしたら、当然、叱る必要があります。

ところが、よかれと思って注意しても曲解をされたり、恨まれたり、嫌われたり、ショックを受けて出かけることができなくなったり、人と対峙することができなくなってしまう、打たれ弱い繊細な人も増えています。

ビジネスの世界でも、その傾向が顕著です。

女性部下への指導はむつかしいと、はれものに触るように接して叱らない男性上司もたくさんいます（叱れない男性上司の存在が、職場で女性が成長しない理由の一つだと、私は考えています)。

たしかに叱られるのは、心地のよいことではないでしょう。だからこそ、この時代に、リスクを冒して叱ってくれる人は常に少なく、本当に貴重な存在です。

叱られる側にとっても、この機会をプラスとなる場にすべきです。

それには、叱られ上手になる必要があります。

具体的なミスや誤解に対して叱られている場合は、そのことに注力して真摯に受け止める。余計なこと、たとえば、自分が嫌われているから、性格が合わないから、力がないから、軽んじられているから、美人でなく愛嬌もないからなど、自分の存在自体が叱られている、認められていないといった誤った拡大解釈をしないことです。

拡大解釈してしまうと、叱られた自分を責め、卑下して、つらくなってしまい、反対に叱った側は思ってもいない解釈をされ、困って叱れなくなってしまいます。

叱られた事実を、そのまま真剣に受け止め、前後措置を講じ、二度としないと反省し、謝る。そして、叱られたことをポジティブに受け止める。

そして次の日は、叱られたことを忘れているような大きな声で挨拶をして、いつもと同じように振る舞う。これが叱られ上手です。

この後を引かない率直さに、上司も付き合いやすさを感じ、気心の知れた仲間として真摯に対応してくれます。どんどんいろいろな機会が与えられていくでしょう。

一方、叱られ下手な部下は、叱られたことを素直に受け止めず、くどくどと言い訳します。また、指示に従っただけだとか、あの人が協力してくれなかったとか、他人に失敗の責任を押しつけようとします。反省や改善の努力をしません。

しまいには、「なんで私ばかり叱るんですか、同僚のXさんが失敗した時は何も言われないのに、私だけ叱られるなんてひどい。私のことを嫌ってバカにしているんですか」と反抗する。挙句の果てに次の日は休んでしまい、休み明けに出社しても上司を避け、目も合わせない。

これでは、叱ったほうもうんざりして、失敗しても叱らなくなります。

さらに、こうしたことが度重なると、「むつかしい人」とみなされて重要な仕事が来なくなったり、「チームに加われ」などといった声がかからなくなってしまいます。

叱られ下手は、人生、損をするばかりです。

明るく素直に叱られるのは才能

どうしたら、叱られ上手になれるのか。

それは、「叱られるうちが花」だと思うことです。

叱るのは見どころがある、もっと伸びるはずだ、育てようと思うからこそです。叱ってもらえるのは、愛情の表れです。少なくとも無関心ではありません。

叱っても効果のない人、見込みのない人、自分の善意が通じない相手には、あきらめて何も言いません。

相手にこうしてほしい、できるはずだという思いがなければ、エネルギーをかけてまで叱る必要もないからです。

叱られるのは期待の表れだと楽観的に考え、怖がらず、場数を踏み、明るく素直に叱られていくと、叱られ上手になれます。

7

組み合わせれば強みになる

そこそこの得意技であっても組み合わせると強みになる

一芸の達人を目指し、その道一筋に精進する求道者の生き方は尊敬されます。

プロ野球選手、文学者、音楽家など、その道のプロとして生きていけるほどの芸に達するには一心に研鑽《けんさん》しなければならず、片手間でできるものではありません。

しかし、一心不乱に頑張ったとしても、何百万人といる野球少年のうち、プロ野球選手になれるのは数百人いるでしょうか。子どもの頃からピアノやバイオリンを習い、芸術系の学校や学部、学科に進学しても、毎日何時間も練習しても、プロの演奏家として活動できる人は1パーセントもいないでしょう。それだけ、その道のプロとして生きていけるほどの芸のレベルに達するのは、むつかしいということです。

ただ、たいていの人は、プロの域には達しないものの、そこそこのレベルの「得意技」を持っています。そこそこのレベルにならば、普通の人でも努力すれば到達できるからです。

みなさんにも、そこそこの得意技があるのではないでしょうか。

たとえばAさんは、中国語が堪能な医師です。

翻訳や通訳ができるほどのレベルではありませんが、日常会話には困りません。また、医師としてとりわけ目立つ業績はないものの、総合内科医の資格を持っています。

最近、日本を訪れる中国人が増えていることから、Aさんは中国人歓迎の診療所を開き、大変繁盛しています。

中国語というそこそこの得意技と、総合内科医という得意技を組み合わせたことによって、彼女だからこそという、ユニークな存在になりえたのです。

また、Bさんは、長年経理を担当しているベテラン会社員です。

もともとパソコンが得意だったうえに、そこそこ英語が話せたことから、最近、アメリカの公認会計士（CPA）の資格をとりました。

ほどなくして、会社がアメリカの企業と合弁で事業を始めることになり、資格を持っているBさんが、その合併企業の会計担当部長に抜擢されました。

一つひとつの得意技は飛び抜けたものでなくとも、組み合わせれば強力な武器になるのです。

得意技は80点レベルで

得意技は、必ずしも資格である必要はありません。

私は公務員をしていましたので、チームでの働き方や行政の進め方は身についています。文章も文学賞を取るほどのレベルではありませんが、与えられたテーマで決められた長さで締め切りを守って書くことは慣れています。講演も、聴衆の方に合わせて、決められた時間で話すことはできます。また、英語の発音はジャパニーズアクセントが抜けませんが、意思の疎通はできます。

一つひとつの得意技は、トップ級のレベルではありませんが、併せ持っていることで、ほかの人と異なる存在となり、講演に呼ばれたり、今こうして本書を執筆したりなどの機会をいただいています。

それぞれは100点満点でなくても仕方がありません。ただし、人並みの50、60点ではもの足りません。本気で努力しなければ身につかない、80点レベルを目指してください。

興味の赴くままにいくつもの分野に手を出して、60点レベルのものをたくさん持っていてもあまり役に立ちません。人生を楽しむには60点でも40点でもよいのですが、得意技とするために、もうひと頑張りして、80点レベルまで伸ばしましょう。

人から必要とされるものを得意技にする

得意技がない時は、新たにゼロから勉強しなければならない分野より、職場で日常的に使っているスキルや、職場で必要とされる分野のスキルを伸ばすのが賢い戦略です。普段の仕事の中でブラッシュアップすることができます。

また、今の時代、英語とＩＴはどんな仕事をするにも必要なスキルです。英語、Ｉ

Tとプラスアルファの何かを持っていると、応用範囲が広くなります。

とはいっても、好みも向き不向きもあります。いくら役に立つとわかっていても、苦手だったり、好きになれないものだったりするものは身につきません。努力が苦にならないスキルがいちばん身につけやすいようです。自分と相談して選ぶといいでしょう。


得意技は、仕事に結びついたり、尊敬できる人や立派な人との出会いをもたらしてくれたりします。

また、仕事が変わると、それまで活用しなかった得意技が生きることがあります。

私が勤める昭和女子大学は、学生の就職に力を入れています。

職員のSさんは、学生時代、野球部のマネージャーをしていた関係で厚い人脈をお持ちで、とりわけ多くの学生を紹介し、就職の実績を上げてくださっています。会社員をされていた時は、この人脈をほとんど活用しなかったそうですが、再就職で昭和女子大に来ていただいてからは大いに活用してくださっています。

外資系の企業で広報の仕事をしていたTさんは、子どもの頃から習っていた茶道を師範になれるレベルまで究め、外国からの訪日客に、お茶や日本文化を体験してもらう会社を立ち上げました。英語だけならもっと上手な人、お茶だけならもっと上の資格を持っている人は多いのですが、両方を持っている人は少ないため、多くのお客様が足を運んでいるようです。

ある若い男性は、子どもの頃からバレエを踊っていたのですがプロにはなれませんでした。ところが、その技術が確かだったこと、また男性のバレエダンサーが稀有な存在だったことから、アマチュアのバレエ発表会で、女性の相手役としてひっぱりだこになっています。就職もその縁でよいところを紹介してもらいました。

創作料理をブログで紹介する。掃除と様々な手続き代行を組み合わせる。自分が当たり前に行っているけれど他の人より上手にできるスキルが「得意技」です。

自分ができること、持っているものを、現時点で役に立っていないからと断捨離せず、得意技として保ち、自分のほかの得意技と組み合わせて活用していきましょう。

8

自分で自分を決めつけない

自信がなさすぎる日本人

人は、自分のよさを認めてほしいと願う生き物です。多くの人は自分の長所を褒められるとうれしくなりますし、反対に短所や失敗を指摘されると気分を害し、落ち込みます。

人に褒められるとうれしく、否定されると傷つくのは、自分に自信を持っていないことの表れでもあります。

様々な地域で講演をさせていただいたり、直接いろいろな人と話すと、日本人は自信のない人、自己肯定感の低い人が多くて、本当に驚きます。

ある調査によると、日本の青少年で「自分自身に満足している」という割合は45・

8パーセント、「自分には長所がある」という割合は68・9パーセントに留まっています。アメリカでは86パーセントと93パーセント、ドイツは81パーセントと92パーセント、フランスが83パーセントと91パーセントであるのに比較してその低さが目立っています（平成26年版「子ども・若者白書」内閣府）。

子どもの頃から学校以外の地域や親族との交流も少なく、親の手伝いや仕事に関わることもなく、学校では学力でランク付けされたり、自分の長所を伸ばすより短所を矯《た》める教育が行われてきたことが大きな要因かもしれません。一方で、失敗を恐れ、無理をしないようにしてきた結果、本当に頑張って成し遂げたという経験を持たないまま成長してきたこともあります。友人たちといても、無意識のうちに比較し、自分を相対的に評価してしまうという人、毎日、自分にダメ出しをしているという人も少なくないようです。

勝手に自分で自分を格付けしては、「こんな自分には無理だ」と可能性をあきらめ、その結果、使わない筋肉が衰えるように使わない能力が落ち、どんどんできないこと、やったことのないことを増やしては、さらに自信を失ってしまうのです。

自分へのダメ出しをやめ、自分を積極的に評価し、自らの価値や存在意義を肯定できると、いろいろな課題に、「できるかどうかわからないけれど、それでもやってみよう」と立ち向かうことができるようになります。

言葉は素直に、状況はプラスに受け入れる

たとえば先輩から叱られたとしましょう。

この事実を「叱られた！　私はやっぱりダメなんだ」「失敗したから評価を下げてしまった」「嫌われているから叱られてしまった」などととらえるのではなく、「ここがいけなかった。これからは気をつけよう」と叱られた内容をきちんと受け入れ、「先輩はちゃんと自分の仕事ぶりを見てくれている。期待されているから叱ってくれたのだ」とプラスに評価する。

これをリフレーミングと言います。

リフレーミングは練習を繰り返すことで、習慣として身につきます。

意見を言うのが苦手だとしたら、「人の顔色ばかり見て思うことをちゃんと言えて

いない」と自分をネガティブに評価するのではなく、「人の気持ちを汲み取ろうとしている」「人の意見をよく聞く」「思いやりの心がある」というようにポジティブに受け止める。

現象は変わらなくとも意識して受け止め方を変え、自分の行動や性格をポジティブに評価する癖をつけるのです。そうすると、ネガティブな部分も自分の個性だと認めることができるようになります。

自分をポジティブに受け止めるようになると、周囲の人の行動にも、積極的な目を向けることができるようになります。

たとえば私は、若い頃から自分が注意散漫で小さなミスをたくさんしでかしてしまうことを苦にしているのですが、学生時代からの親友Oさんは「だから、あなたはおおらかで大きい問題に力を集中できるのよ」とか、「ミスに気がついているというのは傲慢《ごうまん》にならないということよ」などと、ポジティブな見方をしてくれます。彼女の言葉にいつも力づけられ、「私も捨てたものではない。いいところもあるんだ」と様々なことに立ち向かうことができてきました。

これと同じことを自分で行うのです。

私はOさんによって別の見方を与えられましたが、だんだんと自分で自分を励まし、少しずつ様々な経験をしていく中で、小さな成功体験を積んでいくことで、自己肯定感が増していきました。

自己肯定感があると、問題が起きてもチャレンジでき、成功し、さらに自信が増すという好循環が起こります。

まずは周囲に対する視点を変え、自分でリフレーミングを随時行っていきましょう。

運を引き寄せる
あり方

第4章

1

人生は終うものではなく遺すもの

81歳で人生を取り戻した女性

60年以上ハリウッド女優として様々な名作に主演し、魅力的な女性像を創造し続けてきたシャーリー・マックレーンは老いてもなお、輝かしくエネルギーに満ち、目的達成のために全力を尽くす新しい魅力的な女性像を演じています。

先日観た、彼女主演の映画「あなたの旅立ち、綴ります（原題：The Last Word)」もまた、考えさせられるところがたくさんありました。

シャーリー演じる80歳を過ぎたハリエットは、ビジネスの成功者。今は引退して大きな邸宅に一人、贅沢に暮らしています。

ある時、地元の新聞である人の訃報記事（死亡記事）を目にしたハリエットは、自分が死んだ時の記事がどうなるかを読みたいと考え、アンという地元紙の若い記者に自分の訃報記事の原稿を書くよう依頼しました。

早速、アンがハリエットについて取材を始めると、聞こえてくるのは悪評ばかり。かつての仕事仲間から地元の牧師まで、誰一人よい評価を口にしません。自己主張が強く、妥協を許さない性格から、友人もなく、離婚してからは、前夫とも愛娘ともまったく会わずに人生を送っていること、自分の創業した広告会社の経営からも追い出されていたことがわかりました。

アンは取材の結果を正直にハリエットに伝え、記事原稿を提出します。

理想とかけ離れた訃報記事原稿を見たハリエットは、「最高の訃報記事」を書いてもらえるような人物になるために、生き方を変えることを決意したのです。

ここからの彼女が本当にすごい。

81歳ともなると、多くの人は自分への悪評を聞いたら落ち込み、孤独を突きつけられたら絶望し、これまでの生き方を悔やみ、これ以上嫌われないように気をつけ、反省し、萎縮した状態で生きて人生の終わりを迎えるのではないでしょうか。

ところが彼女は「最高の訃報記事」に不可欠な四つの条件、「記憶に残る特別なことをする」「他人の人生に影響を与える」「家族や友人に愛される」「同僚に尊敬される」を満たすために、大胆に行動を起こしたのです。

まずは一つめの条件「記憶に残る特別なことをする」を達成するために、地元のラジオ局にこれまで集めた大量のレコードと企画を持ち込み、81歳のＤＪとしてデビューします。

次に、「他人の人生に影響を与える」を達成するために、コミュニティセンターから紹介された貧しい9歳の少女、ブレンダを引き取り、勉強を教えたり、旅行に連れ出したりして、影響を与え、彼女の成長を手助けします。

続いて「家族や友人に愛される」を得るために、勇気を出して、元夫や音信不通だった娘を訪ねます。対立して別れていた娘が幸福な結婚生活と子どもを手にしていたことを知り、ハリエットは心から喜びます。さらに、彼らとあらためて話したことにより、究極のところで、彼らはハリエットの性格や能力を理解してくれていたこともわかり、最難関の条件もクリアします。

そして、最後の条件、「同僚に尊敬される」。

そもそもハリエットが会社を興したのは、アメリカでも女性の活躍に偏見や反感があった時代。おそらく、当時女性が成功するには、猛烈に働くことはもちろん、男性以上の能力、意思を貫き通す強さが求められたはずです。そして、その強さがハリエットにはあった。だからこそ、会社を成功に導くことができたのですが、その強さが、部下や家族との対立を引き起こしてしまったのです。時を経て再会したかつての部下、同僚たちも、実際は彼女の能力と仕事への貢献、厳しい働きぶりを尊敬していました。

こうして見事に四つの条件を達成したハリエット。

しかしそんな折、彼女は医師より「心臓が悪く、長く生きられない」と宣告されます。彼女は再度、訃報記事を書いてほしいとアンに依頼。そして、アンとブレンダと幸せな時間を分かち合う中、彼女は死を迎えます。

お葬式では、アンが心のこもった最高の弔辞を読み上げたのでした。

何歳であっても行動したら明日が変わる

私も様々な女性たちと出会い、お話ししますが、結婚し、子どもを持つ女性の多くが新しいチャレンジをあきらめてしまっています。人生100年時代、長い人生が待っているのに、「子どもがいるから、もうできない」「家族の世話があるから無理」などと言い訳をして意欲や行動を止めてしまうのです。

それがいかにもったいないことであるかを、この映画は教えてくれます。

年齢、自分の才能、環境、家族など、何もしないための言い訳の種は、探せば探すだけ、それこそ山ほどあります。

もちろん人生は思うようにいかず、目的を達成しないうちに終わるかもしれません。それでも全力を尽くして人生を生きることによって、自分にも、周りにも変化と影響を与えます。それが、あなたの生きた証になります。

この映画の主人公はハリエットで、彼女が人生を変えていく過程を描いていましたが、記事の執筆を頼まれた若いアンもまた、ハリエットと一緒に過ごしたことにより、刺激を受け、エネルギーをもらうことで変わっていきました。悪ガキのブレンダもハリエットの行動に影響を受け、変化しています。81歳の女性の一つの決断と行動が二人の人生を変えたのです。

終活も結構、断捨離も結構。

それで気持ちがすっきりする人もいるでしょう。

でもそれは、他人に迷惑をかけない、負の遺産を残さないという消極的な活動であり、生き方です。

数えきれない多くの先祖の命を受け継ぎ、困難を乗り越えて生きてきたあなたが、今、その場所に存在している意味は必ずあります。もう少し、自分の人生に積極的になり、自分の生きた証を残すために、何かよい影響を与えるために、すべきことを考えてはいかがでしょうか。

これまでの人生を振り返り、これから何ができるかを真面目に考えてみてください。

私の周りでも愛媛県の松本さん、埼玉県の野中さんは、80歳を超えても積極的に人の世話をし、若い人を応援し、人に何かを与え続けていました。人生を全力で生きた彼女たちの姿は、共に生きた人たちの心に刻まれ、亡くなった後も私を含め、たくさんの人の心の中で生き続けます。

あなたの生き方を終うのではなく、遺してみませんか。

2

お福分けのすすめ

人にもモノにも輝くのに適した場所、量がある

あなたの家に、ずっと置きっぱなしのもの、つまり、死蔵品はありませんか。
もしあるのなら、どんどん人にプレゼントしましょう。
人にもモノにも、輝くのに適した場所、量、タイミングがあります。
あなたの家では輝けなかったものも、場所を変えれば、輝く可能性があるわけです。
手放すことで、ものも幸せですし、あなた自身も負担から解放されます。

「うばい合えば足らぬ　わけ合えばあまる」という言葉があります。
これは、相田みつをさんの詩の一部で、自分が「もっともっと」とお金やものを欲

しがるとどれだけあっても足りないと感じる（満足できない）のに、分け合っているとこんなに余っている（満たされている）ように感じるという意味です。

おいしいものをいただいたらみんなで分けて食べれば、みんなが幸せな気持ちになりますよね。つまり、自分の「福（持っているモノ）」を分けると、自分の福が減るのではなく、喜びが増えるのです。

これを「お福分け」と言います。

おいしいからといって独り占めしていては、腐らせてしまうだけです。腐らなかったとしても続けて食べていると飽きてしまい、あるいは太りすぎてしまい、喜びも減ってしまうでしょう。

私の友人のKさんは、仕事柄、多くの人に会うため、お土産をいただく機会も多く、そのたびにご近所や友人にお配りし、喜ばれています。そのお返しとして、自分では選ばないようなめずらしいお土産をいただくことがあり、おいしかったものは自分で買って取引先等へのお土産にしています。すると、お相手の方がとても喜んでくださるので、Kさんもうれしくなるのだと言います。

さらには、お土産交換によって培われたKさんの知識の深さが知れ渡り、「お土産を選ぶ時はKさんに相談すれば安心」と言われ、頼りにされているそうです。

お土産を配るという一つのお福分けが、たくさんの「福」を連れてきたのです。

ちょっとした手助けも「福」になる

これは、形あるモノに限ったお話ではありません。

時間や経験、知識など、形のないものも同じです。持っているだけでは役にも立ちません。必要とする人に提供することで初めて活き、役に立ち、感謝されます。

時間に余裕がある時には、自宅前の道路を掃くだけでなく、隣家の前も掃く。

一人暮らしで外出が不自由な高齢の方がいたら、買い物に行く前に何か買ってくるものはないか、出す手紙や荷物はないか、ひと声かける。

近所の共働きの家庭の親御さんが急な残業になってしまった時は子どもを預かる。

今のあなたのままでできることでかまいません。ちょっとだけ、押しつけにならない程度に相手を手助けすることで「福」は広がっていきます。

私が尊敬している若い友人、品川女子学院の漆さんが、「幸運は独り占めにしない、知っている人に分けることによってもっと大きな運を連れてくる」とおっしゃっているのと通じると思います。

福といい、運といい、古めかしい考え方のように見えるかもしれません。しかし人生は自分の努力や才能だけで乗り越えているわけではありません。いろいろな人との偶然の出会い、めぐり合わせに左右されることが多いのです。これを「運」と言います。与えられた運を大事に活かすのが人のできることです。

いい役割をもらったらほかの人と分担し、自分だけで独り占めしない。

いい人を紹介してもらったら自分も紹介する。よい仕事があったら知人に紹介する。

愛する人を失ったり、仕事がうまくいかなかったりして、つらい気持ちを抱えている人に励ましの言葉をかける。

努力して成功した人には心からの祝福の言葉をかけ、一緒に喜ぶ。

あなたが本来持っているもの、力は、分けることで「福」となります。

お福分けを、習慣にしてしまいましょう。

3

誰しも与えられるものがある

■誰でもできる「無財の七施」

人のために尽くしたいと思っても、自分にはお金や財産もなければ地位や権力もない、あるいは教えてあげる知識もない。だから、何もできない――。

講演等で、「周りの方にも何かを与えましょう」とお話しすると、こうした声が聞こえてきます。

仏教では布施といって、人に施しをすることの重要さを説いています。財施《ざいせ》（経済的な施し）、法施《ほうせ》（教えを説いて心を安らがせる）、無畏施《おいせ》（恐れや脅威を取り除く）などだけでなく、財力や智慧《ちえ》がなくても、どんな人でも七つの施しができると言われています。

七つの施しとは次のものです。

無財の七施
一　眼施《げんせ》　慈しみの目で接する
二　和顔施《わがんせ》　穏やかに喜びの表情で人に接する
三　言辞施《ごんじせ》　相手に対する思いやりに満ちた言葉（愛語）をかける
四　身施《しんせ》　自分の体で奉仕する
五　心施《しんせ》　他人に心を寄せ、共に喜び、共に悲しんであげる
六　床座施《しょうざせ》　座席を譲る
七　房舎施《ぼうしゃせ》　雨や風をしのぐ場所を与える

一つ目の眼施とは、好意を持った目で相手を見ることです。
「目は口ほどにものを言う」と言われるとおり、目の表情で相手に与える影響は変わります。

何も言われなくても、やさしい目で見られると、人は心が温かくなりますし、憎しみのこもった目で見られると心が凍りつきます。自分の尊敬する人を青眼で見て気に入らない人を白眼で見るという晋の阮籍《げんせき》の故事が思い出されます。

眼施は、寝たきりで体が不自由な高齢者の方であってもできる布施です。

二つ目の和顔施は、好意のある表情で相手に接することです。

一つ目の眼施に通じますが、機嫌のよい顔をして接してもらうと、人は心が和みます。反対にいつも不機嫌で怒っているような人のそばにいるとこちらも気が沈みます。機嫌よくしているのも周囲の人に対する布施です。年齢を重ねた人は、周囲の人、とくに家族や同僚など、身近な人に上機嫌に接するようにしましょう。

三つ目の言辞施は、相手を思いやる言葉をかけることです。

「愛語」とは、相手によかれと思って発する言葉で、悪いことを厳しく叱るにしても、根底に相手に対する愛情があれば思いが伝わります。反対にお世辞やおべんちゃらなど、心のこもらない言葉は相手の心に通じません。むしろ、反発を招くだけです。

この三つは、自分で心がければ、それほどむつかしいことではありません。以降は少し難度が上がります。

四つ目の身施は、自分の身体を使ってできることを他人のために行う奉仕活動、ボランティアで行う活動です。

同僚が困っていたら手伝う、配偶者がくたびれていたら食事の世話をするなど、骨身を惜しまず周りを助けると、相手に喜ばれますし、自分も幸せになります。

五つ目の心施は、共感力とでもいうのでしょうか。他人の受けた苦しみを自分の痛みとして苦しみ、他人の喜びを共に喜ぶことです。

人は、気持ちを分かち合える相手がいてくれることで、喜びは倍増し、苦しみは半減します。

たとえば、平成上皇、上皇后陛下が沖縄をはじめ、戦争で犠牲になった人々や被害を受けた人々に心を寄せ続けておられることが、遺族や被災者の方たちの心を温め、力づけています。

六つ目の床座施は、疲れている時に自分の座席を譲る、自分の就いている地位やポジションを人に譲ることです。

疲れているのに座席を譲るのはなかなかしにくく、いつまでも居座りたくなりがちですが、そうすることで相手から感謝されます。

七つ目の房舎施は、旅人に宿を貸すだけでなく、身寄りのない人、世話してあげる人がいないホームレスや難民、高齢者を家で世話することなどがあたります。

お金や資産を自分のためにむさぼらないで他の人のために費やす。これは、仏教だけの精神ではなくキリスト教も慈善活動を勧めていますし、イスラム教は貧しい同胞に喜捨《きしゃ》することを信者の義務としているなど、多くの伝統ある宗教で推奨されています。

施しは心に平安をもたらす

お金や資産を分かち合うのは他人のためだけでなく、自分の心の平安のためにも必要なことです。

イスラム教では、喜捨した側、つまり与える側も「信者としてよいことをした」と心から満足しています。

前にも紹介した「分ければ余る、むさぼれば足りない」という言葉に共通する価値観です。

分かち合えばお金も物もゆとりが生まれますが、奪い合えば足りなくなり人を苦しめます。

与えることによって私たちは多くを与えられるのです。

自分は何を与えることができるか、考えてみてください。お金がなくても権力がなくても、七施のようにたくさんのことができるに違いありません。

仏教の言葉は古臭い、現在の人には役に立たないと思われがちですが、その根底に流れる思想は、時代を超えて私たちの心を安らげる参考になります。

4

内面の美こそ、長持ちでお得

外見の美しさだけでは飽きられてしまう

「外面よりも内面を磨きなさい」

小さい頃、学校の先生や両親から、こんなことを言われて、「フン」と思った経験がある人は多いのではないでしょうか。

いくら内面が美しくても、外からは見えない。他人は外面でしか、他人を評価しない。外面がきれいな女性はよい評価をされて何かとお得だけど、平凡な容姿の女性は損だ。女優やタレントだけでなく、政治家、経営者、アスリート、科学者までもが美人というと注目される――。

人は見た目が9割とも言われます。若い頃の私も、そう思っていましたし、実際、

そういう場面を目にして心がざわついたこともあります。

先日、総長を務めている昭和女子大学の学生たちに、「女性が自信を持つためにはどうすればよいか」と尋ねたところ、メイクがうまくなることだと答えたグループがありました。彼女たちなりに、20年ほどの人生の中で、外見が美しい人は有利であることを知り、美しくなれば自信が持てる、それにはメイクの上達が必須だと考えたのでしょう。たしかに、外見が美しい人が有利であることは否定しません。

しかし、メイクがうまくなれば、ただちに自信が持てるというのは、あまりにも短絡的です。

美しさは、賢さ、知識、資格、気立てなど、その人の持つ多数の要素の中の一つであり、すべてではありません。どんなにキレイにメイクして、身なりを整えていても、知識も賢さも気立てのよさもなければ、キレイだからというだけで登用されることはないでしょう。仕事がうまくいくこともありません。

「美人は3日見れば飽きる、醜女《しこめ》は3日見れば慣れる」という言葉があります。失礼な表現ですが、これは、人間の心理の機微をついています。

どんなに美人でも、何度も顔を合わせていくうちに、その人を表面だけでなく全体として見るようになり、「きれいだ」などと感動しなくなります。

一方、内面の美は、様々なシーンで現れ、その行為も一様ではありません。そのたびにハッとさせられ、じわじわと伝わり積み重ねられ、長持ちします。

美しい心の持ち方とそれがにじみ出るたたずまいは、人を魅力的にします。メイクと違ってすぐに効果が出るわけではなく、時間をかけて磨いていかなければなりませんが、一生ものです。

内面の美は三つの要素でつくられる

内面の美を構成する要素には、大きく三つあります。

一つ目は、他人に対する思いやりを持つことです。

とくに弱い立場にある人、苦しんでいる人への配慮を忘れないことです。弱い立場の人にやさしくしても出世や評価には影響しないですが、思いやりを持っていると、目つきがやわらかく、美しくなります。

反対に自分が成功することや幸福になることだけを目指している人、自分と自分の家族にしか関心がない人は、狭量さがにじみ出ます。愛情と関心の対象を自分の成功や家族・恋人だけでなく、もっと広い相手に向けるよう心がけると目つきがやさしくなります。

自分の子どもを愛しても、相手からはあまり感謝されませんが、ご近所の子どもや他人の子どもをかわいがったり、お世話をしたりすると感謝され、喜ばれます。家族の愛に恵まれない子どもや貧しい子どもの世話をする人からは心の美しさがにじみ出ます。

二つ目は、常に学ぶことです。

「少にして学べば則ち壮にして為すこと有り　壮にして学べば則ち老いて衰えず　老いて学べば則ち死して朽ちず」

佐藤一斎《いっさい》という江戸時代の儒学者の言葉です。これは、「青少年時代に学べば、壮年になっていい仕事ができる。壮年時代に学べば、老年になって気力が衰えない。老年時代に学べば、死んでもその人望は朽ちない」という意味です。

世界中で手に取られたベストセラー、『LIFE SHIFT（ライフ・シフト）』（東洋経済新報社）でも同じことを言っています。

勉強なんて嫌いだ、知らないことがあっても別にいいんだなどと開き直って怠けていると、いつの間にか「終わった人」になってしまいます。

今まで知らなかったことを知る、わからなかったことがわかる、できなかったことができる喜びは、あなたを内面から輝かせてくれます。

最近の大学や大学院は社会人を広く受け入れていますから、チャレンジするのもいいでしょう。かつて昭和女子大学の大学院にも、69歳の男性が女性の地位の国際比較を研究したいと入学してくださいました。

いくつになっても常に好奇心を持ち、自分なりに学び続けましょう。

三つ目は、損得を計算しすぎないことです。

目の前の利益に飛びつくのではなく、「少しぐらい損をしてもいい」くらいの心構えでいると、余裕が生まれ、行動も美しくなります。

無料サービスや割引クーポンを必死になって活用したり、貯蓄の細かい利率の計算に時間とエネルギーを費やしたりと、損をしないで賢く立ち回ることばかりを常に考えていると、目つきが卑しくなってしまいます。

割安のものをたくさん買うより、自分の好みの上質なものを少なく持って、大事に手入れして使うほうが、豊かな生活と言えるでしょう。

行動や時間にも余裕が必要です。

若い頃、とくに仕事と子育てに追われていた頃の私は、「時間を有効に使おう」と思いすぎて、なかなか来ないエレベーターや赤信号にイライラし、列になって待つことが耐えられず、約束の時間に遅れてくる人に怒り、毎日、気持ちにゆとりも余裕もありませんでした。心も美しくなかったと思います。本当に反省しています。


この三つのことを意識するだけで、心のあり方は大きく変わります。

これらが習慣になり、とくに意識しなくても当たり前にできるようになった時、内面も美しく磨かれていることでしょう。

外が汚いと内面の美まで見てもらえない

先ほど、「外面よりも内面を磨きなさい」とお伝えしましたが、そうは言っても内面の美ばかり磨くことに注力して、外面がほったらかしでは、相手は内面を見ようという気持ちを失ってしまいます。

たとえば、服装です。

若い時は、流行りものや安物を身につけていてもいいですが、歳を重ねたら、上質なきちんと仕立てたものを身につけましょう。体の線がはっきり出る服は、できるだけ避けてください。私は、40・50代になると、いわゆる「定番」と言われるような服装が、社会人として、そして職業人として、信頼されるためには必要だと考えています。

高齢期になると、どんなに上質な服であっても、体形や顔立ちが変わってしまい、今まで着ていた服であっても似合わなくなるものも出てきます。

気に入っていたはずのアクセサリーも飽きてしまったり、似合わなくなってしまったりすることもあるでしょう。

そのような服やアクセサリーはいさぎよく手放し、新しいセーターやスカート、スカーフなどを買うことで気分も華やぎます。

また、姿勢もとても大事な要素です。

鏡で全身を映し、肩甲骨を寄せ、下腹を引っ込めてみてください。そして、口角を上げ、にこやかな和顔をつくってみてください。

いつもより、ちょっとだけ素敵な自分に出会えます。

あなたが持つ本来の美しさを引き出すためにも、外見への意識を忘れずに持っておきましょう。

5

感謝の言葉を出し惜しみしない

感謝は心の栄養剤

「善き考え（善思）、善き言葉（善語）、善き行動（善行）」という言葉があります。

これは、心を成長させるために行うべき三徳と言われます。

なかでも、善き言葉、とくに感謝の言葉「ありがとう」を口に出して伝えることは、心の成長にとってとても大切です。

いくら心で感謝していても、表現しなければ相手には伝わりません。

「ありがとう」という言葉は何回も何回も言いましょう。一回言ったから相手はわかってくれる。だから、もうよいということはありません。また、繰り返すとくどいと思われることもありません。感謝の言葉は、何度言われても快いものだからです。

感謝の対象は、ものだけではありません。

健康でいる幸せ、家族がいる幸せ、励ましてもらったこと、世話してもらったこと、自分が頑張ったこと、自分の人生で多くの人からよくしてもらったこと、与えられたことなど、私たちの毎日には、感謝することがたくさんあります。

私の母は、よく私に「自分は子どもに恵まれた」と言ってくれていました。それを聞くたびに、私は「自分の存在が母を幸せにしている」と、幸せな気持ちになったものです。

自分の境遇に感謝する言葉は、周りの人をほっとさせます。

今いる環境を見直し、そして、今まで歩んできた中で受けた数々の幸運を思い出し、ちょっと時間がある時にでも、そのことに対する御礼を言葉や態度で表現しましょう。

私はいつも、通勤の途中にある神社の前を通る際、2礼2拍1礼をして「ありがとう」と言うようにしています。

第1の礼では、今、健康で仕事があること、第2の礼は、亡くなった母、父、叔母、総理府に採用してくださった人事課長はじめ、お世話になった方々（その時によって思い出す人は異なりますが）、今一緒に働いて協力してくださる方々や機会を提供してくださる方々を思い浮かべて「ありがとう」と言います。

「ありがとう」と伝えると、その人たちに関する過去のいいことをたくさん思い出し、やさしい気持ちになります。目の前の嫌なことでくよくよしているのが馬鹿らしくなり、幸せな気分になります。感謝は自分にはねかえって心を潤し、パワーをくれます。

感謝はまさに心の栄養剤。

どんどん口に出して、自分に浸透させていきましょう。

人生の先輩への感謝を次の世代に伝えていく

感謝を次の世代に伝えることで、その効果はさらに大きくなります。

自分だけで留めず、別の形で感謝の思いを別の人に手渡していきましょう。

私がアメリカに留学していた際、お世話になった「お母さん」のメアリーは、「世話になりっぱなしで申し訳ない」と言う私に「私にお返しなんかいらないから、かわりに別の人を、できる時にできることで助けてあげて」と言ってくれました。その言葉に、これまでは忙しいからボランティアなどできない、もっと暇な人がやってくれるだろうと思っていた私も「できる時にできることをしよう」「人の頼みはできるだけ聞いてあげよう」と思うようになりました。

さらに、歳を重ねたことで、次の世代に何をしてあげられるか、残してあげられるかを考えるようになりました。私たちが今、どうにか生活し、仕事ができているのは、数えきれない多くの方々にお世話になっているからです。ですが、到底、与えてくださった方にお返しし尽くせないため、与えていただいたことを次の世代に伝えていくのです。

感謝の気持ちで恩返しするのではなく、恩送りをするというわけです。

子どもが生まれてきてくれたこと、健康に育っていることに感謝し、子どもたちに慈しみの言葉をかけたり、よいところを発見して伝えたりすることから始めましょう。

6

人間としてどう生きるかは学びの中にある

教養を身につけた人は魅力的である

先日、ある女性から毛筆で水茎《みずくき》麗《うるわ》しく書かれた礼状をいただき感動しました。電話やメールでなく手紙をいただく、それだけでもうれしいのに、毛筆で書いた礼状をいただくことはめったにありません。

昭和の頃、良家の子女は、字がきれいでお茶やお花をたしなみ、和服をきれいに着こなし、礼儀作法を身につけることを期待されていました。お琴や和歌をたしなむ人も少なくありませんでした。教養ある女性は、よき妻として求められていたからです。

男性も、武士の時代から、家臣や庶民から尊敬されるリーダーとなるために教養を身につけ、武士道にそった行動をするよう育てられてきました。

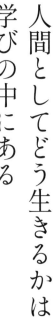

武士の時代が終わっても、大学に進学できるのはほんの少数のエリートのみだった20世紀半ばまでは、大学に入る前の旧制高校ほかで、歴史や文学、哲学などの一般教養、外国語をみっちり勉強していました。

ところが令和となった現在、大学進学率が50%以上になり、高校では一般教養を学ぶより大学受験のための勉強が優先され、大学でも教養を身につけるより社会に出てすぐ役立つ専門教育が重視される傾向があります。そのため、いわゆる有名大学を卒業していても、身についているのは専門知識だけで教養のない、残念な人が少なくありません。

だからこそ、先ほどの毛筆で礼状をくださった女性のような、教養がある人に出会えるととてもうれしく、印象に強く残ります。

言い換えると、多くの人が教養を身につけていない現在、教養を身につけていることは強みになります。

教養がある人とは、もちろん、達筆で礼状が書けるとか、礼儀正しく振る舞えるといった外形的なものだけでなく、昔の人の考え方や歴史、文学（表現）を理解しており、そのうえで物事を判断し、行動できる人、他人の意見を鵜呑みにしない人だと私は考えています。また、歌や俳句、古典等を知っていると、人や風物に対する見方が深まります。

つまり、教養があれば、自分の価値の基準を持ち、余計な情報に惑わされず、自分なりの意見を持つことができるということです。

激動の時代に身につけるべきなのは人間力

今、高等教育の現場では、教養に対する考え方が急速に変わってきています。単に知識をいっぱい持っているだけでは、ＡＩには勝てません。知識を活用して課題を見つけ、解決する。そのために多くの人と協力する。これは人間にしかできません。こうした課題を発見する力を持つことこそ、真の教養だというのが新しい考え方です。

中学、高校でも知識の量より論理的思考力が大事、表現力やコミュニケーション能力が必要だと考えられ、授業のあり方も変わりつつあり、大学入試も大きく変わろうとしています。

大学でも一方的に知識を教える講義という形態から、教師と学生が双方向で意見を戦わせ、お互い刺激を与え合いながら、自分の先入観や思い込みを訂正し、新しいアイデアを育て、現実の社会に働きかける活動に結びつけるというアクティブラーニングが広がっています。

自分と相手の意見が違っていても、黙って聞いてやり過ごすのではなく、反対に自分の意見をぶつけて戦わせるのでもなく、お互いに相手に理解できるように自分の意見を述べ合い、相手の意図を理解して、共通の目標のために合意点を探る。いわゆる総合力が、これからは必要とされているのです。

あなたという人間は一人しかいません。つまり、あなただからできることがあるかどうか、自分という存在自体を成長させる必要があります。

もちろん勉強して多くの知識を持っていることは、とても大きな強みとなります。

あなただからこその経験、あなただからこその感覚と身につけた知識を組み合わせることで、あなただからこその視点、思考パターンを持つことができるのです。

たくさんの知識や経験を持ち、いろいろな「引き出し」があると、相手との共通項が見つかり、共感が生まれ、言い分を理解でき、コミュニケーションもスムーズに進みます。

知識は、自分がいろいろなことを知っているぞと見せびらかすためではなく、相手の話題や興味を理解し共感を引き出すために、相手の立場や考え方に想像力を働かせるためのもの、というのが私の考えです。

そして、知識を活かすための発想は、人間にしかできないのです。

最近、あらためて基礎教養が注目されています。

仕事や社会的活動に結びつく学びだけでなく、昔ながらの教養を積み、人間としてどう生きるべきかという哲学的な課題に取り組んだり、宗教の勉強をしたりする人が増えてきました。

また、参禅したり出家したり、修験道《しゅげんどう》の修行をしたりする経営者もいます（仏教でいう知性、知慧とは、悟りを開いて、煩悩から解放されること）。

愚、瞋《しん》、貪。

愚かで物事の真理やものの道理を知らないのが愚かさ、自分の思うように物事が進まないことにいちいち怒るのが瞋（仏教が教える煩悩のひとつ）、もっともっとお金や地位や愛情を欲しがる貪欲さ。これらの三毒《さんどく》にとらわれているのが煩悩です。そこから解放され、心安らかに生きるのが悟りです。

お金や社会的な地位や名声を得ると、その後は、もっと本質的なものに心が引かれるのかもしれません。


１９４７年、日本人の平均寿命は男女ともに50代前半でした。今は、人生１００年時代。ほぼ、倍の時間、言い方を変えれば、二人分の人生を生きることができるというわけです。

与えられた時間を、どう生き、どう過ごすか。一度考えてみてはいかがでしょう。

人生が長くなった分、学習できる時間も長くなりました。

人生を充実させるために、学び続けましょう。

7
知らないことを知ることを楽しむ

■新しいことは、いくつになっても脳の活力になる

記憶力も理解力も知的な能力は、歳を取ると坂道を転げ落ちるように衰えると考える人もいますが、そういうことはありません。

すでに自分の持っている知識に新しい知識が加われば、いくつになっても新しい知恵や洞察が生まれます。

私も本を読むことで、昔、疑問に思っていたことを「そういうことだったのか」とひらめくことがよくあります。

世界には知らないことが山のようにあります。「別に知る必要はない」と切り捨ててしまうのはもったいない。知らないことを知り、わからなかったことがわかるのは、

とても楽しく刺激的です。

歳を重ねてからの読書は、自分の蓄積した知識を磨き高めるよい手段です。単純な計算問題を解くより脳は活性化します。

自分が楽しいだけでなく、興味が同じ人との出会いもあります。今の仕事では何の役にも立たない知識や経験であったとしても、この先、異動した先や転職した先の仕事で役に立つかもしれません。また、社会や自然科学、歴史などいろいろなジャンルのしっかり書かれた本を読むと、自分の好奇心を刺激し、体系的な知識が得られます。

新聞や雑誌、ネットの情報は断片的な知識で終わりがちです。本を読んでしっかり考えるところまでいきましょう。

話題の本、ベストセラーなども、斜め読みでもいいので目を通しましょう。慣れると早く読めるようになります。

心が刺激を受けると力が湧いてくる

次のおすすめは旅行です。

気に入った好きな場所に何度も行くのもよいですが、ぜひ今まで行ったことのないところへ行き、知らない人と話しましょう。

国内旅行より海外旅行のほうがその点は刺激的です。温泉旅行で癒しを求めたい、何度も訪れた美しい風景に触れたいという旅は疲れた時でもできます。好奇心が旺盛なうちは知らない場所を訪れましょう。できれば海外旅行も個人で行き、現地の人と話ができたほうがよいので、必要最低限、意思疎通ができる程度の英語は身についていたほうがよいですね。

政治家の妻である私の友人は、ご主人、そしてご主人を支える人々、選挙区の人々に気を遣う毎日を送っていますが、時々一人でパックツアーの海外旅行に参加しています。

言葉がわからなくても、話すことができなくても、その土地の人々が住んでいる町や家、道路の混雑、交通機関の規則性、そして市場を見るだけでもとても刺激を受けるそうです。それによって日頃の疲れで衰えていた好奇心がよみがえり、元気になると言っていました。

好奇心を持ち続けることで毎日が楽しくなる

もう一つのおすすめが、できるだけ若い人と話すことです。

一方的に若い人の話を聞くだけでなく、自分の意見にどう反応するか探ってみると思いがけない反応が返ってきて、「へぇー、そんな考え方もあるのか」と楽しいです。

仕事が一段落して少し時間に余裕が出た時、子どもが幼稚園や小学校へ通い始めて時間ができたら自分も何か新しい学習や活動を始めましょう。

本気で再就職を探すならパソコン教室、会計や簿記など仕事を探す時の基礎的スキルを習得する教室に行くものよいですし、もう少し頑張って専門学校、専修学校に入学して若い生徒さんたちと机を並べて勉強して、みんなと資格を取る試験勉強をするのもおすすめです。夜間に勉強できる学校もたくさんあります。

資格を取るなら学校へ行かなくても本や e-Learning で勉強すればよいと思われるかもしれませんが、自習を貫き通すのはかなり意志が必要です。また、いろいろな人と出会うことが大切なので、頑張って学校へ行きましょう。

ほかにも大学院に入る、経営大学院や法科大学院に入学する、というのも一つの選択肢です。社会人入学枠によって、面接と簡単な論文試験で合格できる大学も増えています。

私は現在、大学で仕事をしていますが、頑張っている学生たちの中にいると私もぼやぼやしていてはいけないと刺激を受けます。少なくとも家の中でテレビを見たり、ネットサーフィンしたりして時間を過ごすより、心に刺激を得ることができます。

思い切って留学するという選択肢もあります。イギリスやアメリカの大学に正規の留学をしようと思うと相当の語学力が求められますが、語学留学、ホームステイはもう少しハードルが低いです。

福島県のYさんは、50歳で娘さんが東京の大学へ進学してから思い立ってそれまでテレビやラジオで学んだ英語をブラッシュアップするためにオーストラリアの地方のタウンズビルという町に留学しました。そこで出会った同じ年頃のスーザンという女性と協力して姉妹都市交流事業を立ち上げました。人生の新しいステージに留学をきっかけに踏み出したのです。四半世紀を経た今も、二人の友情とその交流は続いています。

専門学校などは自分と異なる生活態度、考え方の若い人と触れ合う機会の宝庫です。

好奇心を持ち続けると歳を忘れます。「終わった人」にはならないために好奇心を持ち続けましょう。

8
置かれた場で精いっぱい努力する

■進んだ場所があなたの居場所

志望校の入学試験に落ちた、第1志望の会社に採用してもらえなかった、好きでたまらない人に振り向いてもらえなかったから、プロポーズしてくれた人と結婚することにした——。

人生には、思うようにいかないことの連続です。

でも、それで人生が終わるわけではありません。第2志望、第3志望の場で生きていくうちに、新しい展望が開けます。

ところが、「こんな（大学）会社に入りたかったわけではない」「こんな人と結婚しなければよかったのに……」などと、第1志望にぐずぐず未練を断ち切ることなく悩み続けている人がいます。「だから、私の人生はうまくいかないんだ」と。

ですが、その「うまくいかない人生」にしてしまっているのは、第1志望の場を獲得できなかった過去のあなたではありません。今のあなた自身です。

第1志望に進むという選択肢は失ってしまったとはいえ、別の選択をし、そこで新しいステージに入ったのです。

それにもかかわらず、「こんな場所……」などと嘆き続けることは、自分の選択も、自分のいる場も自ら貶めているのと同じです。自分で自分を不幸せな気分にしているのです。与えられた場で、可能な機会も活用せず、人生はどんどんつまらないものになっていくでしょう。

「いろいろあったけど、いい人生だったな」という人は、思うようにいかないことがあっても、自分が置かれた場で精いっぱい努力しています。頑張っていると、新しい可能性が見えてきて、人生に変化が訪れるからです。

自分が置かれた場所でどうありたいか、何をしたらよいのか、何ができるのか、利用できるチャンスはないか、気持ちを切り替えて探せば、可能性の扉は開きます。

どんな場所でも「したいこと」が必ず見つかる

私は、長年勤めた公務員を辞めて昭和女子大学に来たのですが、環境がこれまでと激変したことから、転職して2年ほどは、自分はいったい何をしていいのか、また、何を求められているのかがわからず、戸惑ってばかりで、何もできない無用な人間になったような気がしていました。

学生たちの興味と自分の関心はズレていました。部下もおらず、予算も権限もありません。教育には真摯に取り組んでいたつもりですが、教育の成果は、短い期間でわかりやすく見えるものではありません。

「この間までは、内閣府男女共同参画局長として日本の女性の地位向上を目指し、有能な部下たちと忙しいけれど充実した日々を送っていたのに――」

つい、そんなことを思ってしまった日もあります。

しかし、徐々に、私はお金を得るより社会に影響を与えるのに生きがいを感じる。だから、大学という舞台でできることが少しはあるはずだ――などと考えが整理されてきて、段々と自分が進むべき方向、次のステージの姿が見えてきたのです。

「日本全体に関わる仕事はできなくても、この大学で学んでいる学生が充実した人生を歩んでいくために必要な情報を伝え、勇気を与え、応援していく」。この大学で自分がすべきこと、進むべき道筋が見えてからは、誰にどう手助けしていただけばよいか、誰が動いてくださるかなどを考え、協力を求め、少しずつ成し遂げ、現在があります。

ただし、自分がどうしたいのか、どうありたいか、そしてそのために何をすべきかは、考えたからといってすぐに見つかるわけではありません。

自分のことだけを考えていては、誰も協力してくれません。皆が共鳴し、同じ思いを持ってくれるような目標やビジョンを掲げることが必要です。

できることなら、人生の大きな変動の時だけでなく、節目節目に自分を見つめる時間を持つことです。そうすることで、環境や感情にとらわれず、本当の自分がどうしたいか、何ができるかが見えてきます。

置かれた場所は、今、あなたがいるべき場所。

その後の人生が充実したものになるか、そうならないかは、今、その場であなたがどうしたいか、どうありたいか次第なのです。

9

自分だけが得するより
お人よしでいる

我慢や忍耐は損？

今の日本は大きな変革期、かつてよしとされていた美徳が重視されなくなり、新しい時代の美徳はまだ確立していません。

たとえば長い間、「忍耐」「我慢」「思いやり」は美徳とされ、我慢強くあれ、忍耐強くあれ、謙虚であれ、と教えられてきました。

しかし最近は、「忍耐強いお人よしは損ばかりする。人の事情や感情など考えず、自分の権利をしっかり主張する人が得をする」と考える人が増えています。

相手にも言い分があるだろうからと我慢していると、相手はどんどん図に乗って自分の権利を侵害してくるから、自分の権利は自分で守らなければならない。

また、我慢して言いたいことを言わないでいると本当の自分の言い分を誰にもわかってもらえない、我慢していると心の中にモヤモヤが溜まってしまい、最後には飽和して爆発してしまう。それによって、人間関係が壊れることもありえる。

だからこそ、普段から自分の言いたいこと、したいことをはっきり伝えるべきだと。

でも、本当にそうなのでしょうか。

我慢をしていると損をし、反対に、我慢せずに自分の権利を主張する人はそんなに得をしているのでしょうか。実は、必ずしもそうとは言えません。


たとえば割り勘で飲んだり食べたりして精算する際、みんな一律に頭数で割るのではなく、誰が何を頼んだか、しっかり計算して高いものを頼んだ人はその分、余分に支払うべきだと主張する人がいます。

それによって、金銭的にはあまり食べなかった人は損をしないのかもしれません。

ただ一方で、和気あいあいとした空気が冷え込み、「やれやれ」と思う人もいるでしょう。そして、「あの人が来ると、楽しい会食ではなくなってしまう。今度から呼ぶのはやめよう」ということにもなるかもしれません。

反対に、自宅にお客様を招いて手作りの料理を振る舞う際、たしかに材料費も手間も時間もかかります。でもだからと言って、それがすべて損になるかというと、そうではありません。招かれた人たちは、「なんていい方だろう」と感謝の気持ちを抱きますし、自宅という場所だからこそ、くつろいだ雰囲気で話すことができるため、人間関係も深くなります。

皆で一緒に食事をする、そのことに意味があるのです。

おそらくあなたも、お世話になった人には感謝の気持ちを抱くでしょうし、ご恩返しをしたいと考えるのではないでしょうか。

与えることによって与えられるのです。

「情けは人の為ならず」

他人に与えたことは自分に返ってくるのです。

お人よしは敵をつくらない

「人のお世話ができる時に世話をしておくと、必ずいいことがある」
「運に恵まれた時は人と分かち合うようにすると、さらに運がよくなる」
と、前に紹介しました。

お返しを求めないで人に与えるなんて、損な「お人よし」のように思うかもしれませんが、実はその人がいちばん多くのリターンを受け取っています。

感謝の気持ちはもちろんですが、仕事の手伝い、人の紹介、子どもへのサポートなど、形は様々です。

面倒な仕事や困難な仕事を引き受けてくれる人のところには、仕事も面倒なことも集まってきますが、友人、そして信頼も集まってきます。

一方、自分の意見を主張してばかりいる人のところには、その場では意見は通るでしょうが、配慮のない発言は、時に人を傷つけ、相手に恨みを買ったり、嫌われたりして仕事も友人も遠ざけてしまいます。

あなたの周りにも、自分だけ得をしようと抜け目なく立ち回る人、絶対損をしないように賢く行動するしっかりした人がいるのではないでしょうか。

その人に対して、一緒に仕事をしようとか、頼みごとを聞いてあげようなどとは思わないでしょう。

自分だけが得をする、その行為によって一瞬は得をしているように見えても、長期的には人生が貧しくなっていきます。若い時には気づかなくても、歳を取るにつれてその差は大きくなっていきます。

実際、定年で仕事を辞めた後、「ぜひ、来てください」と再就職のお声がかかるのは、バリバリ仕事をするやり手だった人より、人がよくて世話好きで明るくやさしい方です。敵をつくらないのは、お人よしの功徳であると言っていいでしょう。

私も「あの人はお人よしだからお金にもならない仕事を引き受けては忙しがっている」などと言われているのですが、このスタイルで仕事をしているからこそ、常に新しい世界、新しい人と出会い続けることができていますし、たくさんの方からお声をかけていただけているのだと思っています。社会に役に立つことができると思えば、自然と気力が湧いてくるので、損をしているとは感じません。

損をしない、うまくやろうと立ち回るより、損をしてもいい「お人よし」でいこう
と決心しましょう。

10

最後まで生ききると決める

なぜ、自分はここにいるのか

東日本大震災の津波から生き残った方たちは、子どもや親、配偶者など、愛する人が亡くなったのに、なぜ自分が生き残ったのか、何が生と死を分けたのか、自分が生きていることの意味は何かなどと悩んだと聞きます。

戦争や災害などで身近な人が多数亡くなった経験をした人は、自分の生きている意味を考えます。私が就職した頃は、まだ軍隊を経験した方々がいらしてその思いを聞くことがありました。

こうした経験を持たないと、日頃、生きている意味をあまり考えないで過ごしてしまいますが、本当は生きているということは不思議なことです。

交通事故や理不尽な犯罪に巻き込まれて命を落とす人もいます。若くして病気で亡くなる方もいます。

私たちは運のいい人、運の悪い人と評価しますが、自分がこの世に生を受け、今、生きているということが偶然の積み重ねであり、それこそが大変な幸運なのです。

そもそも私たちは、両親が出会ったことで生まれます。つまりは、両親が大人になるまで生き延びてきたから。さらには、何代もの先祖が偶然を積み重ねてきた結果、あなたが生まれてきたのです。

時々生意気盛りの子どもが親に言うように、「生んでくれと頼んで生まれてきたわけではない」のに、自分の意志でなく生まれてきて、自分の意志でなく幸運にも生き延びてきている。つまり、人は何か大いなる存在によって生かされていると考えられます。そして時期が来たら何らかの形で死んでいく。

生かされている命を精いっぱい生きる、せっかく与えられた命を全うする、これは私たちの最低限の義務なのです。

あなたにはなすべきことがある

私たちは、成功するか失敗するかは本人の努力次第、勉強して知識やスキルを身につけ、人脈を築き、努力すべきであること、健康も自己責任の賜物であり、食事や運動をバランスよく行うことで健康に生きることができる、そんなふうに刷り込まれています。

自助努力、自己責任という言葉に代表される、「自力」を重視する考え方です。しかし、現実はというと、それでもうまくいく人とうまくいかない人がおり、結果は運に左右される。自分が努力すれば何とかなる、頑張ればいい結果が出るとは限らない、という厳しい事実は受け入れなければなりません。

それは、あきらめて何もせず成り行きに任せておけばいいということではありません。どうせ結果は運次第なのだから、努力してもばかばかしい、などと考えるのではなく、結果はどうなるかわからなくても、今、置かれている場で精いっぱい努力することに意味を見出すことです。

人生思うようにならないから生きている意味がない、などと嘆くのではなく、生かされている命を、最後まで生ききっていく、と覚悟を決めましょう。

それが与えられた命を大事に全うするということです。

いくら努力しても認めてくれる人はいないかもしれません。よかれと思ってしたことが、志と違う方向に行く、感謝されるどころか恨まれる、そんな時もあるでしょう。それでも自分がよいと思うことをしていくしかありません。

あまりいいと思わないことを、成功するために悪知恵を働かせて成し遂げても、うまくいくとは限りません。それよりも、なすべきことだと自分が納得できることをすべきです。


私も縁あって昭和女子大学に来ました。

大学教育に携わりたいという志を貫いたのではなく、偶然の結果です。

ただ、長年公務員をしていた私なんて、どうせ大学教育に取り組んでも、たいしたことはできないだろう、と思う人もいたかもしれませんが、及ばずながらできることをこつこつと積み重ねていきました。はじめの数年は、努力しても大きな成果は出ないし、この頑張りも自己満足にすぎないのだろうな、などと思っていました。それでもあきらめず努力を重ね、10年ほど経った頃から、「昭和女子大は変わった」と声が聞こえるようになり、実際に受験生が増え、よい学生が入学してくれるなど、結果も見えてきました。

長い人生、図らずも新しいポストに就いたり、思ってもみない環境に身を置くことになるなど、「こんなはずでなかった」なんてことはたくさん起きます。

その時に、「こんなポストに就きたくなかった」とか、「自分が望んだ環境ではない」などと言って逃げていては、あなたの命を全うすることはできません。

あなたに命が与えられているのは、あなたにはなすべきことがあるから。

だから、あきらめないで、逃げ出さないで、できるだけのことを少しずつでもいいからする。

それこそ、結婚相手が思っているような性格でなかった、子どもの能力が期待したほどではなかったとしても精いっぱい愛する。

与えられた命を生きるというのはそういうことでないかと思います。

おわりに

「自分」を大切に生きる

最後まで読んでいただきありがとうございます。

この本は、現代の社会を生きる女性への応援歌です。

「女性の時代だ」「女性活躍が必要だ」と言われていますが、現実は程遠く、こうした掛け声に違和感を覚え、社会の変化に戸惑っている女性がたくさんいるように見えます。

平成から令和へ移り変わるとともに、女性を取り巻く環境は変わったとはいえ、まだまだ家族、職場、人間関係で「生きにくさ」を感じている人もいることでしょう。

もっと女性がのびのびと生きるようにするにはどうすればよいのか。

たしかに、家庭、教育、職場を変え、障害や偏見をなくしていく努力はまだまだ必要です。ただ、それと同時に女性自身も少し変わらなければなりません。年を重ねた私から見ると、目の前の人間関係、些細な成功、失敗を気にしすぎている女性が少なくありません。

日本の青少年が、中国やアメリカの青少年に比べて自己肯定感・自己効力感が低く、自分に自信が持てないという調査がありますが、それは大人も同じです。

そんな女性たちに、もっと自己肯定感・自己効力感を高く持ってほしい、もっと自信を持ってほしい、元気になってほしいという想いで書いたのがこの本です。

巷にはこうすればすぐに自分に自信が持てる、人付き合いのコツがすぐに身につくといった本がたくさんあります。そうした本を読んでテクニックを身につけ、悩まず上手に生きたいと願う人は多いのかもしれません。

しかし私は、上手に生きるより、潔く生きるほうが大切だと思います。あれもこれもうまくやらねばならないと自分を追い詰めないで、自分の中で何が大切か、大切でないものは何か、見つめてみる。あれこれ悩むより、少し心を整理してみてはどうでしょうか。

同じ現実でも受け止め方によって見方が変わります。

私も歳を重ね、それなりに経験を積み、若いときにはわからなかったことがわかり、ほかの人の苦しみや喜びがわかるようになりました。人生は思うようにはいかないが、悪いことばかりでもない。自分を過大に評価する必要はないが、過小に評価して卑下して生きてはいけない、そんなことにも気づきました。
そして何よりも「自分」を大切にしてほしいと思います。自分を大切にするということは、わがままを通す、好みにこだわる、自分の意思を曲げないということではありません。自分の良さを大切にし、それを伸ばしていく、自分の欠点や失敗を気にしすぎないことです。
「どうせ」私なんてたいしたことはない、「いまさら」自分を変えようとしても無理だ、今から始めるには「もう遅すぎる」などと自分を過小評価し、貶めるのはやめましょう。もっと自分を大切にして生きましょう。

あさ出版の編集　星野美紀さんから「女性を元気にする本を出版したい」と言われたのは、もう一年前だったでしょうか。大変お世話になりました。星野さんに支えられて、この本が完成しました。
この本が読者の皆さんが自分を大切に生きる役に立てば幸いです。

坂東　眞理子

著者紹介

坂東眞理子（ばんどう・まりこ）

富山県生まれ。昭和女子大学理事長・総長。東京大学卒業後、69年に総理府入省。内閣広報室参事官、男女共同参画室長、埼玉県副知事などを経て、98年、総領事（オーストラリア・ブリスベン）になる。2001年、内閣府初代男女共同参画局長を務め退官。04年に昭和女子大学教授、同大学女性文化研究所長。07年に同大学学長、14年から理事長、16年から現職。330万部を超える大ベストセラーになった『女性の品格』（PHP研究所）、『70歳のたしなみ』（小学館）ほか著書多数。

「自分《じぶん》」を生《い》きる　～上手《じょうず》に生《い》きるより潔《いさぎよ》く～　〈検印省略〉

2020年　2月　10日　第　1　刷発行

著　者——坂東　眞理子（ばんどう・まりこ）
発行者——佐藤　和夫

発行所——株式会社あさ出版

〒171-0022　東京都豊島区南池袋 2-9-9 第一池袋ホワイトビル 6F
電　話　03（3983）3225（販売）
　　　　03（3983）3227（編集）
F A X　03（3983）3226
U R L　http://www.asa21.com/
E-mail　info@asa21.com
振　替　00160-1-720619

印刷・製本（株）光邦

facebook　http://www.facebook.com/asapublishing
twitter　http://twitter.com/asapublishing

ISBN978-4-86667-133-8 C0030